SCHULT · SEGELN MIT DEM 7. SINN

JOACHIM SCHULT

Segeln mit dem 7. Sinn

Seemännische Praxis in Frage und Antwort

Band 1 Situationen 1–62

VERLAG KLASING & CO GMBH, BIELEFELD

3. Auflage
ISBN 3-87412-042-2

Printed in Germany 1979
Umschlag: H. J. Dohse
Druck: Druckerei Ludwig Auer, Donauwörth

Bestimmte Situationen

zum Nachschlagen – falls es darauf ankommt

Die halbfetten Ziffern **(33)** geben die Nummer der Lage, die in Klammern gesetzten mageren Ziffern (95) die entsprechende Seitenzahl an.

Pflicht-Lektüre in der Plicht

Was macht das Segeln so faszinierend? Ist es nur die frische Luft und die Weite der See, ist es nur die Ungebundenheit und das Abenteuer? Ich glaube, es sind mehr noch die vielfältigen, ständig wechselnden und immer neuen körperlichen wie geistigen Anforderungen, die uns das Leben an Bord und der Umgang mit Schot und Pinne, Anker oder Peilgeräten stellen. Für die Crew an Deck kommt es dabei hauptsächlich auf Muskelkraft und Kondition, auf Seefähigkeit und Standfestigkeit an. Der Steuermann oder Rudergänger aber muß vorwiegend mit seinen Sinnen arbeiten: Mit den Augen registriert er die Höhe der Wellen und die Richtung des Windes, den Kurs zum Ziel und den Abstand von Tonnen, die Auswanderung von Landmarken und die Stärke des Stromes an verankerten Objekten, Wolken und Wetterzeichen, die Kraft des Segels und den Trimm der Schoten. Mit dem Gleichgewichtsgefühl des Körpers mißt er Krängung und Geschwindigkeit des Bootes, mit dem Tastgefühl an Nacken und Gesicht die Änderung der Windgeschwindigkeit. Über die Ohren nimmt er die Windgeräusche in der Takelage und das Rauschen des Wassers entlang der Bordwand auf – Anzeichen nützlicher und schädlicher Kräfte im Konzert der Helfer und Gegner, die an Bord jedes Bootes unsichtbar mitsegeln. Die Reihe der Beispiele ist lang.

Rudergängern und Decksleuten ist gemeinsam: Sie müssen viele schnelle Entscheidungen treffen, die auf guter seglerischer Allgemeinbildung und auf gesundem Menschenverstand beruhen. Man kann die Führung eines kleinen oder großen Seekreuzers weder allein durch die Praxis noch durch Tips und Erfahrungen aus Büchern lernen. Und man kann auch nicht von Anfang an gleich alles wissen, um im rechten Augenblick die richtige Entscheidung zu treffen. Aber wenn man – als einsamster Mensch der Welt – in der Plicht steht, die endlose See mit ihrem oft gnadenlosen, oft fordernden und immer unbestechlichen Gesicht hinter sich, die ratlose, verängstigte, aber doch vertrauensvolle Crew vor sich, dann muß man sich entscheiden – schnell und oft über den gesunden Menschenverstand und alle seemännische oder nautische Erfahrung hinaus mit dem 7. Sinn.

Um für solche, meistens unerwartete Situationen gewappnet zu sein, habe ich einige seemännische Lagen zusammengestellt, in die jeder Fahrtenschipper früher oder später kommen kann. Die „alten Hasen" werden ihren Spaß daran haben, die Probleme mit Augenzwinkern zu lösen oder sie auf einer Ankerwache mit ihrem Moses zu diskutieren. (Vielleicht haben Sie selbst in kitzligen Situationen Erfahrungen gemacht, die Sie zu einer möglichen Ergänzung dieses Buches weitergeben könnten?) Die „jüngeren Füchse" werden dieses Buch vielleicht im Navigationsschapp ihres Bootes verstauen und als Plicht-Lektüre gelegentlich zu Rate ziehen. Und die Neulinge können, noch bevor sie zu ihrer ersten Langfahrt starten, sehr genau erkennen, daß Wind und See nicht nur sehr vielfältige Gesichter haben, sondern uns an Bord auch vor die Lösung sehr vielschichtiger Probleme stellen, die sich nicht nur mit einem gesunden Menschenverstand, sondern eben nur mit dem 7. Sinn lösen lassen.
Natürlich sollten Sie sich zuerst mit einer Situation vertraut machen und nicht nur den Text, sondern auch die Zeichnungen genau prüfen, und dann sollten Sie Ihre eigenen Überlegungen anstellen, die mit Ihrer Entscheidung in dieser Situation beendet werden. Erst dann sollten Sie zu meinen Entscheidungen umblättern und nachsehen, ob und wie wir in diesem Falle übereinstimmten oder wie man die Lage vielleicht einfacher und sicherer würde meistern können.
Für die Mitarbeit an den Zeichnungen dieses Buches darf ich mich wiederum bei Peter A. G. Milné bedanken, dessen seglerische wie künstlerische Erfahrung mir gleichermaßen wertvoll war, für die Idee zu diesem seglerischen Frage- und Antwort-Spiel bei J. D. Sleightholme, dessen pädagogische Erfahrungen ich außerordentlich schätze. Und bei Ihnen bedanke ich mich für die Lektüre dieses Buches, das jetzt nicht nur in der dritten Auflage vorliegt, sondern auch in mehrere Sprachen übersetzt wurde. Ich freue mich, daß den Lesern des In- und Auslandes diese moderne Art, besser segeln zu lernen, so sichtbare Freude bereitet.

Hamburg, Februar 1979 — Joachim Schult

Die Lage 1

Sie sind dabei, im Hafen von Schleimünde die Segel zu setzen. (Es kann auch ein anderer kleiner Hafen an einer langgestreckten, annähernd von Nord nach Süd verlaufenden Küste sein, vor der – nach Osten weit offen – die freie See liegt.) Sie wollen bei einer Vollzeugbrise aus Nord, d. h. bei einer Windrichtung, die weitgehend parallel zur Küste steht, nach Kiel auslaufen, d. h. einen Südkurs steuern. Eine Vollzeugbrise bedeutet auch Vollzeug – so meinen Sie. Also haben Sie alle Plünnen angeschlagen, und Sie sind sich Ihrer Segelwahl ziemlich sicher.

Da kommt ein Boot in den Hafen hinein, dessen Crew naß und zerzaust ist. „Wie sieht es denn draußen aus?", rufen Sie ihnen zu.

„Hartes Wetter!" sagt der Schipper. „Draußen weht es Schusterjungen, und wir haben ziemlich kämpfen müssen, bis wir endlich die Molenköpfe zu fassen hatten!"

Sie überlegen, ob Sie die große Genua gegen ein kleineres Vorsegel vertauschen und vielleicht ebenfalls ein Reff eindrehen sollten. Aber vorher fragen Sie noch zurück:

„Woher kommt ihr denn, aus Sonderburg (d. h. einem Hafen in Luv) oder aus Kiel (also einem Hafen in Lee)?"

„Wir kommen aus Schilksee bei Kiel", gibt der Schipper des einlaufenden Bootes zurück.

Beeinflußt die Crew des einlaufenden Bootes mit ihren Segelerfahrungen in hartem Wetter Ihre Segelwahl?

Die richtige Entscheidung 1

Nein! Denn Sie wissen als erfahrener Schipper, daß der Segelwind an Bord nicht der atmosphärische Wind (W_a) ist, der an Land herrscht, sondern die Kraft an unserem Segel vom relativen Wind (W_r) erzeugt wird, der aus den Komponenten atmosphärischer Wind (W_a) und Fahrtwind (W_f) gebildet wird, also von der Geschwindigkeit eines Seekreuzers und von seinem Kurs zum Wind abhängig ist.

Die Crew des eingelaufenen Bootes A war mit gerefftem Großsegel und kleiner Fock von Kiel (K) nach Schleimünde (S) auf einem Kreuzkurs (fette Linie) unterwegs. Sie lief dabei eine übliche Fahrt von ca. 4 kn, so daß der Segelwind an Bord (W_r), den sie in ihren Segeln ausnutzte, mit 16 kn beträchtlich kräftiger als der atmosphärische Wind (W_a) um sie herum wehte. Die See hatte schon weiße Schaumköpfe aufgesetzt, und die Crew hatte bei der nassen Fahrt gerefft, um übergroße Krängung zu vermeiden. Das war klug und richtig; denn da die Windkraft mit dem **Quadrat** der Wind**geschwindigkeit** wächst, ist Vollzeug bei einem kleinen Seekreuzer, der im Seegang gegen den Wind aufkreuzen muß, erfahrungsgemäß schon etwas viel.

Sie laufen jedoch den umgekehrten Weg auf dem gestrichelten Kurs von S nach K: Erfahrungsgemäß ist dies (mit Ihrer Segelführung) kein langsamerer Kurs, und mit der Schubwirkung des Seegangs werden Sie 5 kn laufen können. Der relative Wind (W_r), den Sie an Bord spüren, vermindert sich dabei auf ca. 8 kn. Im Hinblick auf die Windgeschwindigkeit ist das nur ca. die Hälfte der Luftgeschwindigkeit, mit der das andere Boot segelte; bezüglich der **Kraft** des Windes (denken Sie an das Quadrat der Windgeschwindigkeit!) ist es nur knapp ein Viertel. Das bedeutet, daß Sie mit Ihrem Boot B ungefähr die vierfache Segelfläche des einlaufenden Bootes setzen könnten, wenn Sie auf dessen Gegenkurs, d. h. raumschots, zu dessen Ausgangspunkt zurücklaufen, der Ihr Ziel in K ist.

(Da die kreuzende Yacht A auf ihrem Weg nach Schleimünde mit dichten Schoten segelte und damit das Segel wie einen wirksamen Windmotor als aerodynamisches Profil umströmen ließ, Sie hingegen mit Boot B auf einem raum-achterlichen Kurs Ihre Segel weitgehend nur als Windfang (ohne anliegende laminare Luftströmung) benutzen, sind die Verhältnisse in diesem Falle für Sie noch günstiger: Denn Sie könnten unbedenklich noch mehr Segel setzen, ohne bei konstanter Geschwindigkeit des atmosphärischen Windes Ihr Rigg zu überlasten oder die optimale Fahrt Ihres Bootes zu überschreiten.)

Sie können also unbedenklich Vollzeug mit ungerefftem Großsegel und großer Genua (B) tragen, wenn Sie auf raumem Kurs von Schleimünde nach Kiel laufen, ja sogar zusätzlich einen (kleinen) Spinnaker setzen, um der optimalen Rumpfgeschwindigkeit Ihres Bootes so nahe wie möglich zu kommen.

Wer sich im Hafen bei der Segelwahl für einen Langfahrttörn von anderen, einlaufenden Booten beeinflussen lassen will, muß zuerst nach ihrem Ausgangshafen fragen. Nur aus gleichen

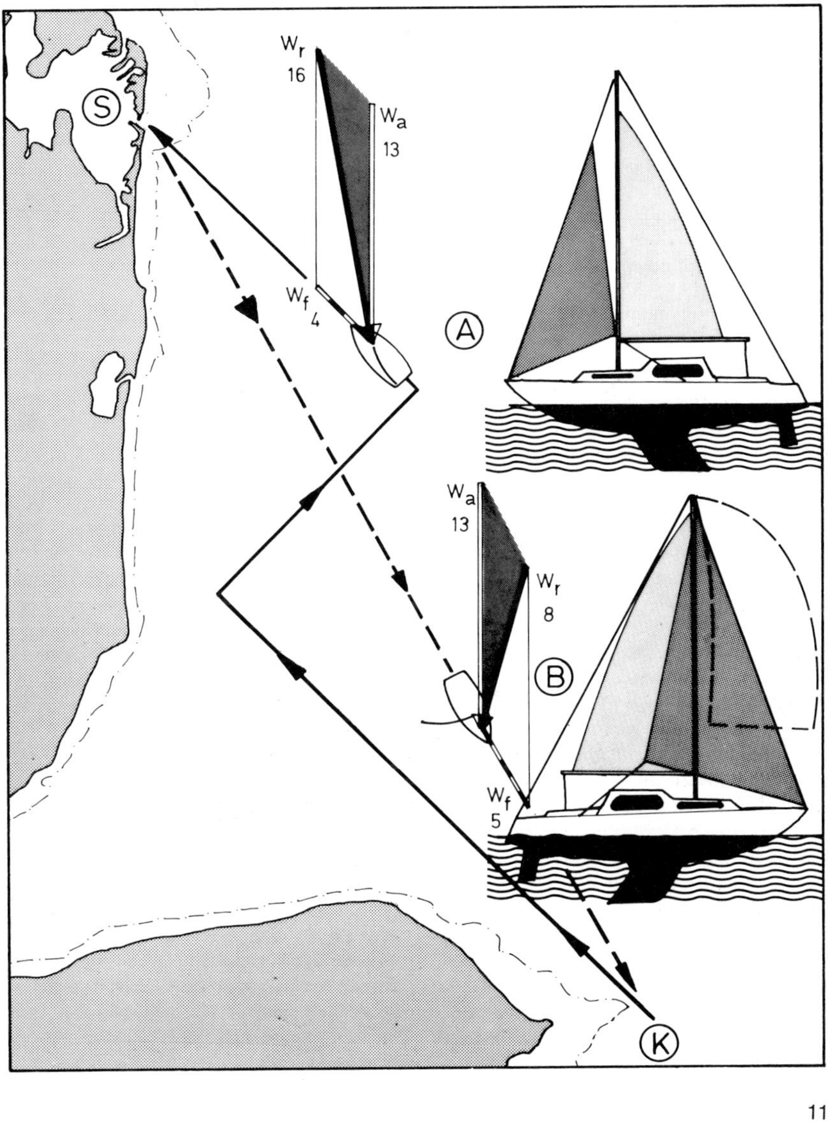

W_r
16
W_a
13
S
W_f 4
A
W_a
13
W_r
8
B
W_f
5
K

Kursen zum Wind lassen sich Erfahrungen schöpfen. Wäre der Seekreuzer A mit dieser Segelführung von Norden und raumschots nach Schleimünde gekommen, hätte Ihnen das gereffte Großsegel und das kleine Vorsegel schon zu denken geben müssen. Denn dann wäre sicher auf der freien See, unbeeinflußt durch die Küste und begünstigt durch die lange Windbahn oder andere örtliche Einflüsse, die Windgeschwindigkeit viel schneller als an Land gewesen.

Die Lage 2

Sie sind gut gekreuzt und schneller gelaufen, als Sie es gewöhnt sind. Jetzt wollen Sie ankern, neben der Fahrrinne des Nebenfahrwassers, das durch Pricken gekennzeichnet ist, und so, wie Sie es in der Segelschule lernten und auch in heimischen Revieren gewöhnt sind: Aus dem Kreuzkurs (A 1) aufschießen und den Anker werfen (A 2), wenn das Boot steht.

Aber das Boot will nicht auslaufen; auch mit killenden Segeln schießt es immer weiter gegen den Wind, wie man es durch Peilung zu Pricken oder zum Ufer gut erkennen kann. Ungeduldig verlangen Sie, daß Ihr Freund auf dem Vorschiff den Anker wirft. Er macht es richtig, mit weitem Bogen nach vorn – aber die Ankerleine zeigt schnell querab; das Boot läuft weiter gegen den Wind und zieht die Ankertrosse schräg nach querab neben sich her (A 3).

Sie lassen den Anker einholen und versuchen ein neues Manöver: Jetzt bleiben Sie am Wind (B 1) und lassen den Anker auf einem Kreuzkurs über Steuerbordbug werfen (B 2), wieder richtig und kräftig in Fahrtrichtung, wie man es lernt. Aber zum Aufschießen kommen Sie gar nicht – das Boot segelt mit ausgebrachtem (schlierendem) Anker in Pos. B 3 einfach weiter.

Sie sind ratlos.

Warum will der Anker nicht fassen und warum läßt sich das Boot nicht vor Anker legen? Welche tückischen Kräfte sind im Spiel? Wie müssen Sie sich verhalten, um die unbekannten Kräfte zu überlisten?

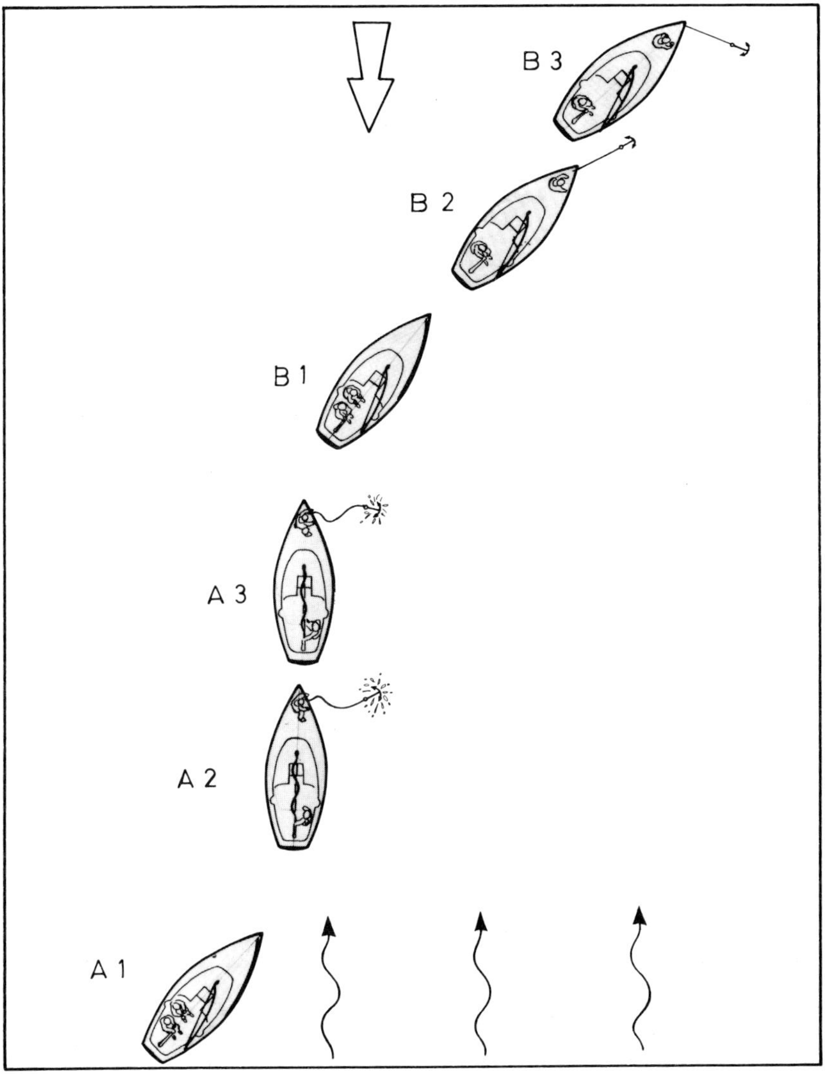
B 3
B 2
B 1
A 3
A 2
A 1

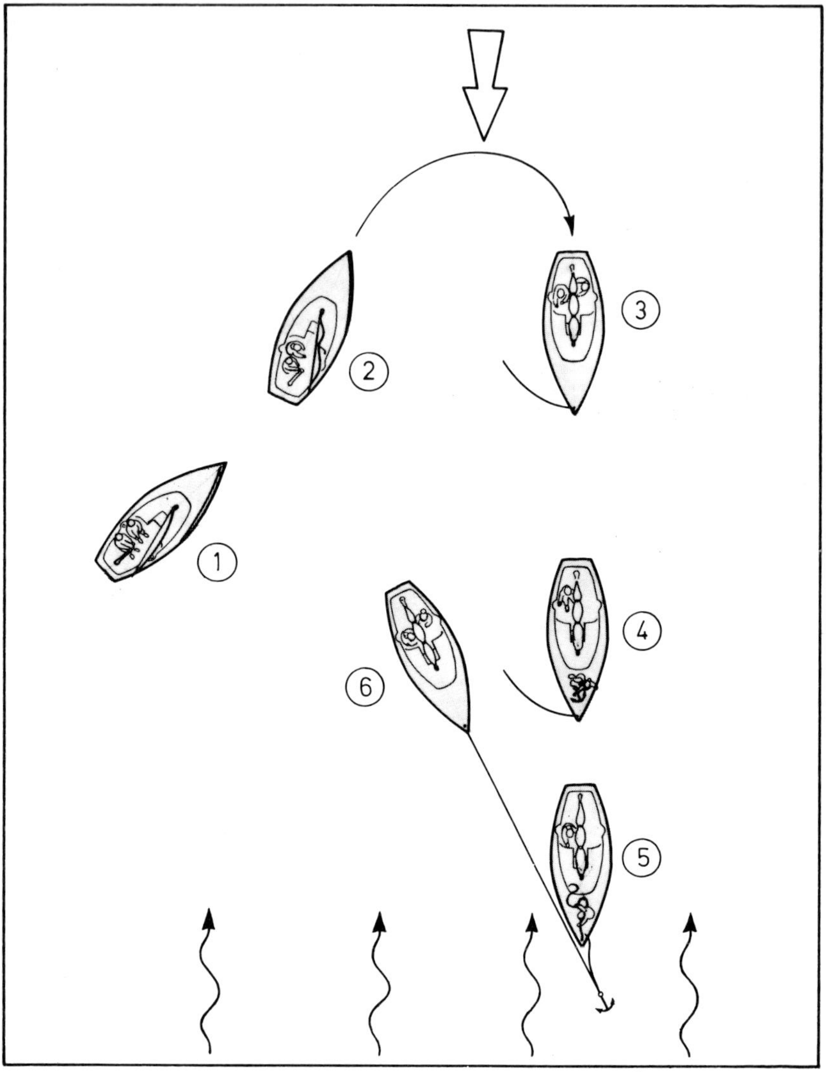
1
2
3
4
5
6

Die richtige Entscheidung 2

Ihren schnellen Kreuzkurs hatten Sie nicht nur Ihrer – offenbar heute besonders guten – Segeltechnik zu verdanken, sondern einem recht kräftigen Schiebestrom. Bei etwas mehr Aufmerksamkeit zu Baken, Bojen oder anderen Wasserbauwerken um Sie herum hätten Sie auch sehen können, wie kräftig und in welche Richtung er setzt – an den Strudeln, die er an allen festen oder verankerten Teilen im Wasser verursacht.
Ist der Strom die stärkere Kraft, muß man ein Boot zum Ankern nicht gegen den Wind, sondern gegen den Strom aufschießen lassen. Bei mittlerem oder frischem Wind, aber stärkerem Strom reicht das Vorsegel aus, um das Boot zu diesem Ankermanöver manövrierfähig in der Hand zu behalten. Sie fieren die Großschot (Pos. 1) und lassen Ihr Boot in Pos. 2 leicht in den Wind drehen. Dann bergen Sie das Großsegel, fallen ab und laufen unter der Fock allein (Pos. 3) vor dem Wind gegen den Strom, bis Sie Ihren Ankerplatz erreicht haben. Der Nutzen der Fock ist auf diesem Kurs sehr groß, die Gegenwirkung des Stromes, der nur in Längsschiffrichtung wirken kann, am geringsten (Pos. 4).
Ist der gewünschte Ankerplatz erreicht, dann bergen Sie die Fock und werfen den Anker, nachdem das Boot zum Stehen gekommen ist (Pos. 5). Jetzt sichern Sie die Verankerung in bewährter Weise: Wenn ca. doppelte Wassertiefe an Leine gegeben ist, halten Sie die Trosse fest, damit sich der Anker eingraben kann und fieren dann die Leine auf die gewünschte Länge von ca. 5–7mal Wassertiefe (Pos. 6). Überlegen Sie schon, wie man in dieser Situation wieder den Anker lichten kann?

Die Lage 3

Unterwegs mit einem kleinen Seekreuzer von ca. 8 m Länge (in jedem Falle unter 12,20 m L. ü. a.), der gut ausgerüstet ist. Sommerwetter in der Lübecker Bucht, der Kieler Förde oder einem ähnlichen Revier, in dem es am Wochenende nicht nur von Sportbooten aller Art wimmelt, sondern wo auch der Schiffsverkehr beachtet werden muß. Sie segeln bei leichtem Wetter. Ein Motor ist an Bord, aber er ist nicht betriebsklar. Was macht das schon?

Aber plötzlich kommt Seenebel auf, wie es an einem Sommertag passieren kann. Der Schiffahrtstreck liegt nicht in gefährlicher Nähe; aber Sie versuchen dennoch, dichter unter Land zu kommen; denn ein Nebelhorn mit Pustebetrieb haben Sie nicht an Bord, und die „Heuldose" (eines der üblichen Flüssiggas-Hörner mit Handbetätigung) funktioniert nicht mehr; offenbar ist auch ihm die Luft ausgegangen.

Bald umschließt Sie eine pottdicke Brühe, und Sie hören nur die Motorboote um Sie herum, die in Fahrt ihre Schallsignale mit Motorhörnern geben, und gelegentlich einen Segler.

Was nun? Dürfen Sie weitersegeln? Müssen Sie die Segel bergen, oder sollten Sie ankern? Müssen Sie Laut geben — aber womit? Sie fröstelt, und nicht nur durch die kalte Luft! Was würden Sie tun?

Die richtige Entscheidung 3

Sie sollen sich schleunigst nach irgendeinem Tonträger umsehen, den Sie an Bord haben könnten; denn Schallsignale müssen gegeben werden, wenn Sie auf Ihrem schwimmenden Untersatz im Nebel sicher bleiben wollen.

Werfen Sie einen Blick in die Kombüse, wenn sie reichhaltig ausgestattet ist. Töpfe und Pfannen lassen sich als Schallgeber verwenden; aber ihr Ton wird dünn und schwach bleiben. Besser ist der Anker, den man laut und weit hört, wenn man mit einem kräftigen Metallklöppel gegen ihn wie an eine Glocke schlägt. Aber können Sie ihn dazu entbehren?

Aber die deutlichsten und kräftigsten Töne geben einige große, zusammengebundene und am Baum aufgehängte Schraubenschlüssel aus der Motoren-Werkzeugkiste. Auch das beste Schlaginstrument ist ein großer Schraubenschlüssel, den man in dieser Werkzeugkiste findet. Notfalls tut es auch ein Belegnagel, ein Winschenhebel oder ein anderes Metallteil.
Aber Schallsignale auch mit der Notglocke darf nur ein Fahrzeug geben, das vor Anker liegt. Es hilft also nichts: Den Anker klarmachen, die Ankertrosse so weit wie möglich wegfieren und gegebenenfalls durch Vor- und Achterleine oder auch ein Reservefall verlängern.

Ein Blick auf die Seekarte zeigt Ihnen, daß die größte, zu erwartende Wassertiefe ohnehin nur 15 m betragen wird; Ihr Anker wird den Grund also immer erreichen, und auch mit einem ungünstigen Verhältnis Wassertiefe zu Trossenlänge wird Ihr Boot bei diesem leichten Wetter und für die zu erwartende begrenzte Zeit weitgehend ohne Drift an seinem Platz bleiben. Als „Fahrzeug vor Anker" müssen Sie mindestens jede Minute ungefähr 5 Sekunden lang Ihre Notglocke rasch läuten. In der übrigen Zeit werden Sie genau hören, ob sich fremde Fahrzeuge auf ihren Kursen durch den Nebel Ihrem Ankerplatz gefährlich nähern.

Aus Sicherheitsgründen legt die Besatzung ihre Schwimmwesten an und macht ihr Rettungsboot (zum Beispiel ein Schlauchboot durch Aufblasen) einsatzklar.

Die Lage **4**

Eine leichte Frage zu einer alltäglichen und oft wiederkehrenden Situation, die Sie daher auch in wenigen Sekunden geistesgegenwärtig beantworten sollten:

Sie steuern eine (betonnte) Schifffahrtsstraße an. Von Steuerbord querab hat sich ein mittlerer Frachter genähert, der jetzt in Pos. 1 peilt. Der Rudergänger konzentriert sich auf seinen Kurs, hält ihn ca. eine Minute durch und blickt dann aus dem gleichen Blickwinkel (Pos. 2) wieder auf das andere Fahrzeug. Was stellt er fest? Was ist zu tun?

Die richtige Entscheidung **4**

Beide Fahrzeuge laufen Kollisionskurs! Die Peilung zum Bug des Frachters steht; sie verändert sich von Pos. 1 bis zu Pos. 2 nicht. Die Annäherungsgeschwindigkeit ist gleich, und es kann in Pos. 3 zu einer Kollision kommen. Ihr Boot ist ausweichpflichtig. Der Rudergänger ändert seinen Kurs sofort, deutlich und sichtbar, damit der Wachhabende des Berufsfahrzeuges seine Absicht zum Ausweichen erkennt. Beide Fahrzeuge begegnen sich dann in ihrer Pos. 3a. Sie kreuzen den Kurs des fremden Fahrzeuges hinter dessen Heck und gehen dann auf Ihren alten Kurs zurück.

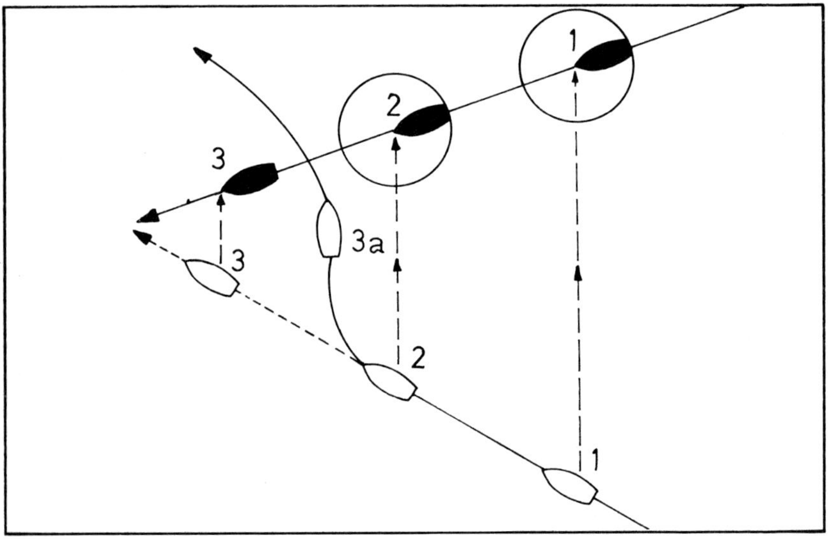

Die Lage **5**

Ihre Sommerreise neigt sich dem Ende zu, aber wie es so häufig ist, wenn man es eilig hat: Auf dem Rückwege durch den Großen Belt müssen Sie ein Tief abwettern, das mit frischen westlichen Winden über Schleswig-Holstein langsam ostwärts zieht, und der kräftige Wind verbietet es Ihnen, den Schutz der Küste von Langeland zu verlassen und Ihren Heimathafen an

der Ostküste Schleswig-Holsteins (Schilksee oder Schleimünde, Damp oder Heiligenhafen) anzukreuzen. Es bleibt nichts, als (an der langen, hafenlosen Küste) zu ankern und abzuwarten.
Am Ankerplatz streiten sich jedoch Wind und Strom um Ihren Bootskörper wie Engel und Teufel um eine arme Seele. Ihr Boot schwojt und giert, krängt und bockt, und der Aufenthalt wird zur Qual.

Was können Sie tun, um den Kampf der Kräfte zu beenden und mehr Ruhe am Ankerplatz zu finden?

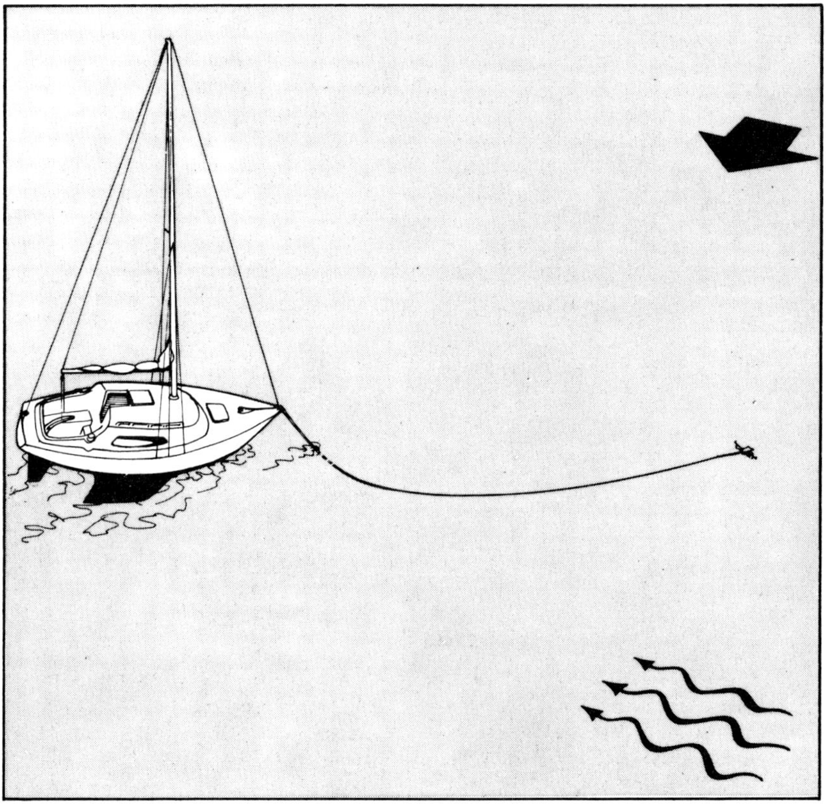

Die richtige Entscheidung 5

Jedes Boot reagiert durch die Form seines Über- und Unterwasserschiffes bei einer bestimmten Konstellation von Wind und Strom verschieden, abhängig auch von den in Richtung und Stärke unterschiedlichen Kräften. Es lassen sich zwar keine festen Regeln aufstellen, wie man eines der beiden Elemente oder beide überlistet, aber ein Seekreuzer liegt durch sein tieferes Unterwasserschiff immer mehr in Stromrichtung, so daß für ihn gilt: Den Treibsack (Treibanker), eine Pütz bzw. zwei Eimer oder einige der modernen Bremskörper, die heute den Treibanker ersetzen, achteraus fieren und dem Strom damit einen zusätzlichen wirksamen Angriffspunkt bieten. Diese Hohlkörper werden das Boot vollends in die Achse der Stromkraft legen und es hier wie in einem harten Zügel halten.

Jetzt kann es der Wind nur noch krängen. Aber das Schwojen, Gieren und Bocken ist beendet.

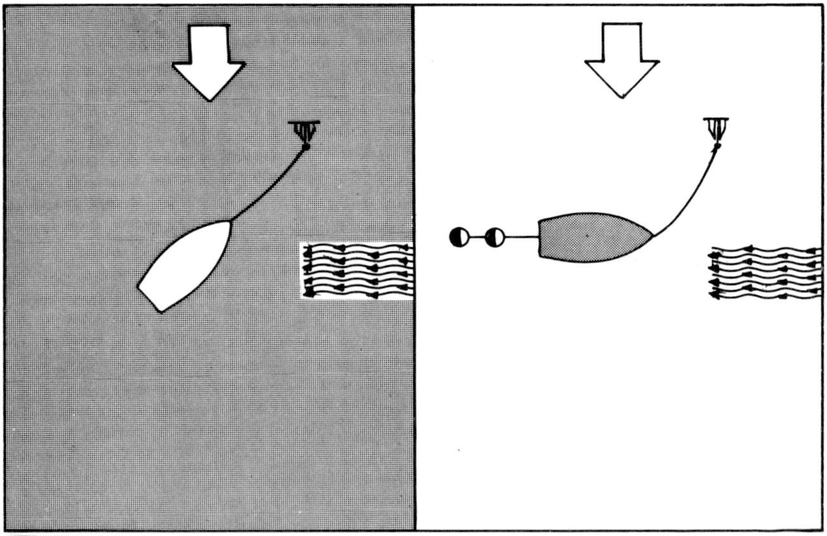

Die Lage

6

Sie sind mit einem kleinen Seekreuzer unterwegs und aufgelaufen. Keine Chance, mit Bootshakenhilfe wieder freizukommen. Ein harter Sandgrund um Sie herum und annähernd gleiche (zu flache) Wassertiefe noch ca. 100 m weit nach See. Aber Sie haben glücklicherweise ein Gummiboot an Bord, das man aufblasen kann. Tiefgang Ihres Bootes 1,50 m; Ihr Seekreuzer ist gut ausgerüstet.

Der Wetterbericht sagt auffrischende Winde mit auflandiger Richtung voraus. Sie haben also keine Zeit, um auf Hilfe von außen zu warten, und durch Hinauszögern der unsympathischen Arbeit wird die Situation nicht besser. Noch ist die See weitgehend glatt und ruhig. Was ist zu tun?

Die richtige Entscheidung 6

Zuerst muß der Anker ausgebracht werden, damit das Boot nicht noch mehr abtreibt. Sammeln Sie alle Leinen, die die Last enthält, das Ankergewicht, den sorgfältig verschnürten Werkzeugkasten und den Kettenvorlauf. Legen Sie alles in das aufgepumpte Beiboot und rudern mit der angesteckten Ankerleine, so weit die Trosse reicht, in tiefes Wasser. Bevor Sie den Anker werfen, stecken Sie eine zweite Leine an ihn an, an dessen Ende (im Grund) Ankergewicht, Werkzeugkasten und andere Gewichte, mit entsprechender Lose bis zur Wasseroberfläche und für die Ankerboje, befestigt werden.

Dann rudern Sie zurück, stecken das Fockfall an das Großfall (oder verlängern das Großfall mit irgend einer anderen langen, kräftigen Leine) und nehmen das Ende des Großfalls, an

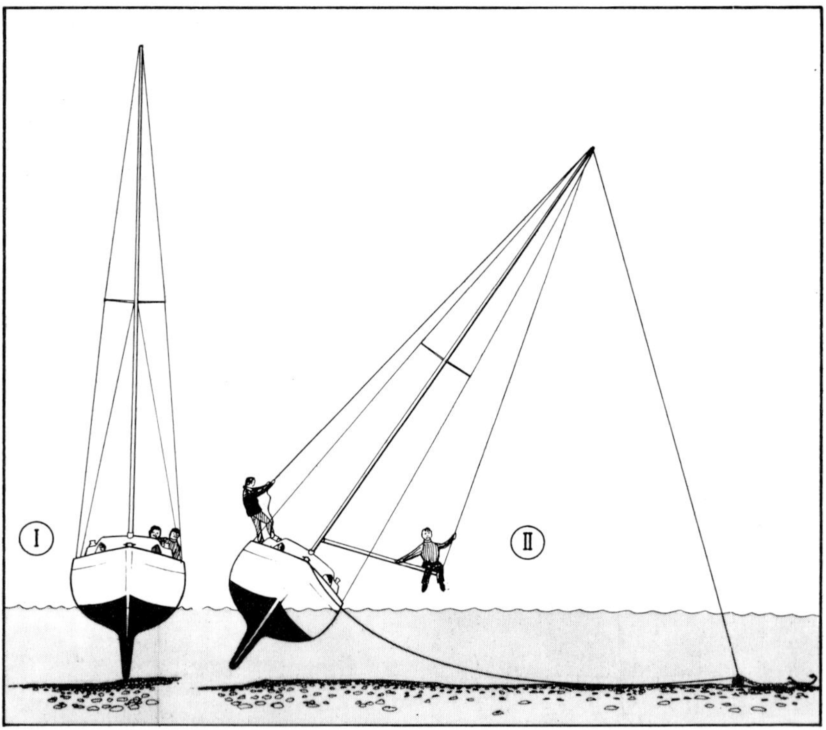

dem üblicherweise der Kopf des Segels angesteckt wird, zu sich ins Boot. Jetzt rudern Sie noch einmal zurück zur Ankerboje und verbinden das Großfall mit der Leine, an der die Gewichte hängen.
Wieder zurück zum Boot und den Großbaum angedirkt und ausgeschwungen! Bevor Sie das Boot an den Anker heranholen können, müssen Sie es so weit wie möglich krängen. Das ist ganz einfach, wenn Sie Badegäste haben, die auf dem Großbaum sitzen können, damit das Boot so weit wie möglich überliegt. Sie legen die holende Part des verlängerten Großfalls über Ihre Fallwinde (oder über eine Rolle, die nahe an Deck oder in Höhe der üblichen Klampe befestigt ist) und holen das Fall durch. Jetzt krängt das Boot, und je größer der Krängungswinkel wird, desto leichter ist es, mit Hilfe des verlängerten Großfalls Ihr Boot noch härter überzuholen. Der Zug kommt dabei zuerst auf das Ankergewicht, so daß der Anker auch bei dieser ungewöhnlichen und ungünstigen Zugrichtung nicht ausbrechen kann.
Dann das Großfall belegen! Jetzt hat sich der Kiel vom Grund gelöst, und Sie nehmen (möglichst am gleichen Platz neben dem Mast, damit sich das Boot bei Ihrer Arbeit auf dem Vorschiff nicht mit der Nase zum Anker drehen, dabei aufrichten und wieder aufsitzen könnte) jetzt die Ankerleine in die Hand, holen das gekrängte Boot mit der Ankerleine an den Anker heran und lösen alle Leinen, wenn es in tiefem Wasser wieder aufrecht schwimmt.
Diese Methode ist auch zu empfehlen, wenn die Länge der Ankerleine bzw. des verlängerten Großfalls nicht ausreicht, um das Boot mit einem einzigen Arbeitsgang in tiefes Wasser zu verholen. Dann muß eben noch einmal aufgesessen, müssen alle Leinen gelöst und der Anker mit Gewicht noch einmal in gleicher Weise verholt werden.

Die Lage

7

Es ist schön, wenn man in seinen Heimathafen unter Segeln einlaufen kann; aber meistens verbietet die Enge unserer Yachthäfen ein solches Manöver. Man muß dann schon – wohl oder übel – vor der Einfahrt die Segel bergen und mit Hilfe des Jockels in den Bootsstand laufen. Das ist nicht immer einfach, und das Manövrieren unter Motor ist für viele Kreuzersegler ein Problem.

Auch für Sie?

In Pos. 1 liegt Ihr Boot, ohne Segel und mit langsam laufendem Dieselmotor. Pos. n wollen Sie erreichen und in Ihrem Bootsstand wie die anderen Yachten mit Bug nach außen und Heck zur Brücke liegen. Windstärke 4–5; ein mittelkräftiger Schwell steht mit dem Wind in den nach Luv offenen Hafen hinein.

Wie laufen Sie unter diesen Bedingungen in Ihren Bootshafen ein?

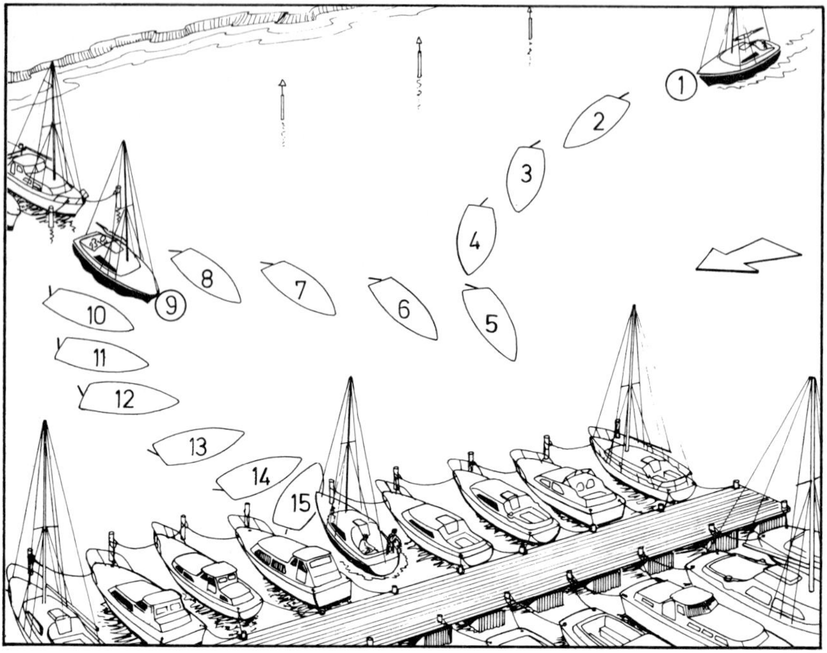

Die richtige Entscheidung 7

Versuchen Sie nicht, den Liegeplatz direkt anzulaufen und (mit den Leinen um einen der Pfähle) die beträchtliche Fahrtgeschwindigkeit abrupt zu stoppen. Das geht nicht klar, da bleiben Klampen und Trossen auf der Strecke, und Sie werden anstelle von (seemännischer) Bewunderung nur Spott von den besseren Kapitänen an Land ernten.

Stoppen Sie in Pos. 2 den Motor, lassen das Boot auslaufen, legen in Pos. 3 Backbord-Ruder und geben in Pos. 4 einen kurzen Pull mit dem Motor, damit Sie in Pos. 5 quer zum Wind liegen. Mit Änderung der Ruderlage auf hart Steuerbord wird das Boot jetzt weiter achteraus treiben und sich dabei mehr in Windrichtung legen. Ein kleiner Pull mit dem Motor „voll achteraus" in Pos. 7 hilft Ihnen, über 8 und 9 die leewärtige Position in sicherem Abstand vor den Booten der anderen Seite zu erreichen.

Jetzt geben Sie volle Pulle voraus, legen hart Backbord Ruder und legen das Boot über die Positionen 10 bis 13 genau in den Wind; dabei wird es nicht nur drehen, sondern auch so weit nach Luv Distanz gewinnen, daß es in Pos. 14 nahezu quer vor der Einfahrt zu Ihrer Box liegt. Mit einer Hand am Fahrhebel können Sie Fahrt und Drehtendenz gut abstimmen, und bei einem idealen Manöver wird das Boot in Pos. 14 nicht nur den äußeren Luvpfahl ungefähr in Masthöhe berühren, sondern dabei bereits mit dem Heck in den Stand hineingeschwenkt sein. Durch Eindampfen über die Achterspring (Maschine langsam achteraus) drehen Sie weiter in den Bootsstand hinein oder halten zumindest Ihr Boot so sicher frei von den Nachbarbooten, daß ein Mann der Besatzung übersteigen und eine Leine auf die Brücke bringen kann.

Die Lage 8

Sie laufen raumschots bis hart-raum gegen den Strom auf eine Hafeneinfahrt zu, die durch eine hohe Mole hindurchführt. Die Einfahrt wird durch zwei Tonnen, die den Fuß der deichähnlich nach See verlaufenden Mole kennzeichnen, noch länger. Sie spüren, daß Sie in dieser Position hinter den Molenköpfen und bei ablandigem Wind zum Teil bekalmt sind. Wie kräftig der Gegenstrom ist, sehen Sie an den Strudeln hinter den beiden Bojen.

Wie legen Sie das Manöver an, um sicher in den Hafen einzulaufen?

Die richtige Entscheidung 8

Wenn Sie diesen Kurs durchhalten (Abb. A, Pos. 1), hinter der Boje sofort anluven und so hoch wie möglich an den Wind gehen, werden Sie noch zum Teil bekalmt sein, wenig Distanz nach Luv gewinnen und durch den starken Gegenstrom Gefahr laufen, auf die Mole zu treiben. Im günstigen Falle können Sie einen Kurs steuern, der Sie in die Positionen 2 und 3 führt, weil durch den Strom an Ihrer Leeseite der relative Wind zuerst weitgehend aus der Richtung des atmosphärischen Windes genutzt werden kann. Das Kneifen von Höhe bis in Pos. 4 zahlt sich jedoch nicht aus; Gegenstrom in der Hafeneinfahrt setzt Sie auf die Molenseite, und gleichzeitig schralt durch seine Gegenwirkung der relative Wind, so daß Sie Ihren Kurs nach Luv nicht halten können. Wenden Sie in Pos. 4, dann ist dieses im Stromstrudel ein noch riskanteres Manöver. Kurz und knapp also: Ein ungünstiger Einlaufkurs, der Sie (je nach unterschiedlicher Stärke von Wind und Strom) vor viele seemännische Probleme stellen wird.

Besser ist ein Manöver wie in Abb. B: Sie halten diesen Kurs durch (Pos. 1) bzw. fallen etwas ab, um gegen den Strom mehr Fahrt zu laufen, die Abdeckung erst einmal zu verlassen und nicht von der Stromkraft gegen den Molenkopf gedrückt zu werden (Pos. 2). In Pos. 3, d. h. mitten in der Einfahrt und mit ausreichender Fahrt, luven Sie so hoch wie möglich an; dabei

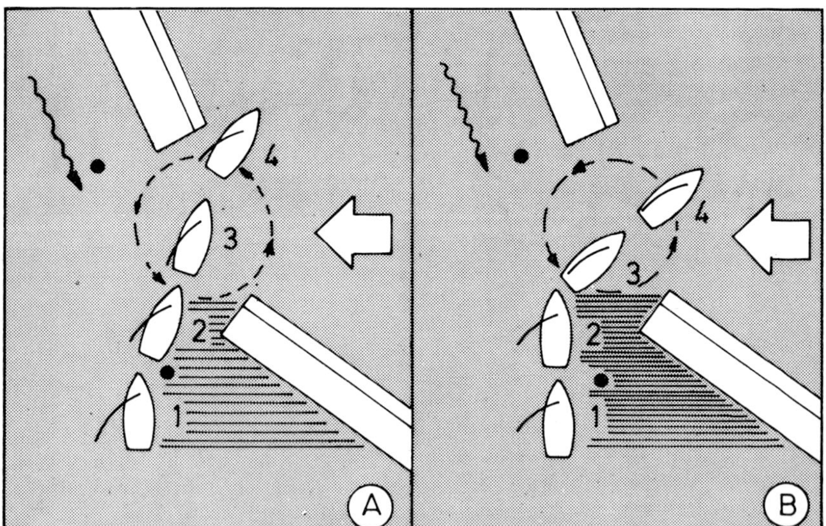

werden Sie feststellen, daß Sie den relativen Wind fast genau aus der Richtung des atmosphärischen Windes erhalten, weil die Tide vorteilhaft von Lee schiebt, und mit erstaunlicher Höhe in den Hafen einlaufen können (Pos. 4). Auch der Gegenstrom am Ende der Einfahrt behindert Sie jetzt nicht; Sie sind ausreichend weit vom anderen Molenkopf entfernt, um auch in schralendem (relativen) Wind kurzzeitig abfallen zu können.

Die Lage 9

Wieder kommen Sie nach Hause und wollen in Ihren Bootsstand einlaufen. Es herrscht Sturm, Beaufort 7–8, und Sie sind heilfroh, daß Sie es bis hierher geschafft haben.
Sie kennen Ihr Boot und können sich auf Ihre Crew verlassen. Auch wollen Sie ein kurzes Manöver wählen, um nicht (vergleiche Seite 28) zu lange und mit zu vielen Ruder- und Maschinen-Kommandos im Hafenbecken liegen zu müssen.

Informieren Sie bitte Ihre Besatzung über Ihr Vorhaben: Wie werden Sie einlaufen?

Die richtige Entscheidung 9

Bei der nachfolgenden See und dem sehr kräftigen achterlichen Wind ist es ratsam, möglichst früh zu drehen, das Boot dabei möglichst schnell in den Wind zu legen und es damit nicht nur leichter unter Kontrolle zu bringen, sondern auch mit Maschine auf Voll voraus sicherer gegen die starke Drift durch Wind und See manövrierfähig zu halten – mit der Alternative, gegebenenfalls noch einmal auslaufen und ein verkorkstes Manöver neu anlegen zu können.

Drehen Sie frühzeitig und kräftig mit Motor auf „langsam voraus" in Pos. 1 an und bringen Ihre Yacht über die Positionen 2 bis 4 mit entsprechend zuerst harter und dann weicher Ruderlage nahezu in den Wind. Helfen Sie gegebenenfalls in Pos. 5 durch einen kräftigen Pull nach, das Boot voll in den Wind zu legen, so daß es mit langsam voraus drehendem Propeller bis in die Pos. 7 zurücktreibt. Hier legen wir den Fahrhebel auf „voll voraus" und steuern jetzt über die Positionen 9 und 10 einen der luvseitigen Außenpfähle der benachbarten Boxen an, wo wir das Boot zum Stillstand bringen und eine Leine festmachen.

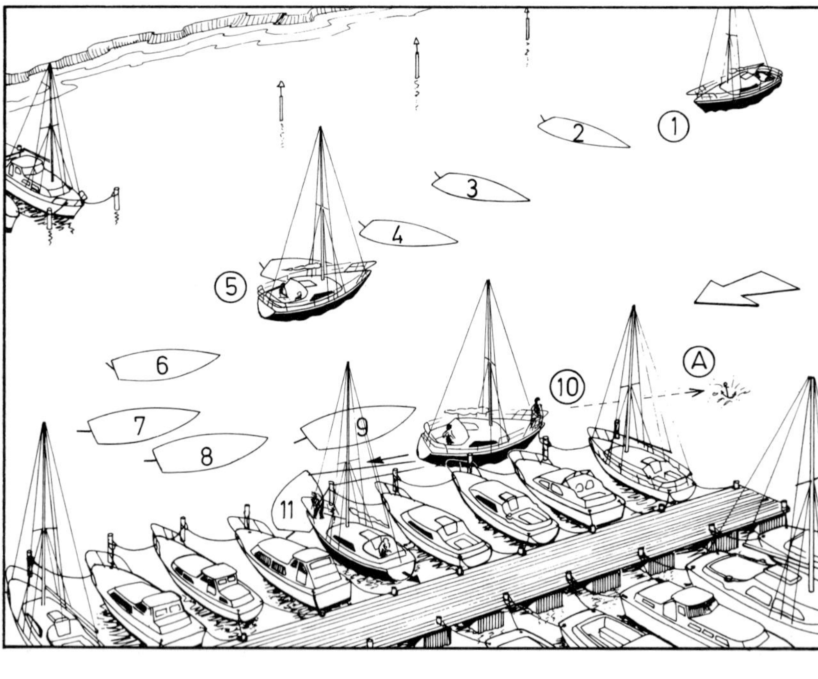

Das Einlaufen in den Stand erfolgt durch Fieren und Zurücksacken (gegebenenfalls mit Stopphilfe des laufenden Motors). Dann drehen Sie das Boot (mit Hilfe einer zweiten Achterleine um den Luvpfahl der eigenen Box) quer zum Wind und in die Box hinein.
Die lange Vorleine wird entweder auf Slip gelegt, so daß sie nach dem Ende des Manövers von Bord aus eingeholt werden kann, oder sie bleibt bis zum Abflauen des Windes bzw. zum nächsten Auslaufen belegt.
Anstelle des Festmachens an einem Außenpfahl der Boxen kann das Boot auch in Pos. A den Anker wegfieren und an ihm bis auf die entsprechenden Positionen 10–11 zurückfallen.

Die Lage **10**

Das Boot hat festgemacht, und der Schipper schickt Sie an Land, um noch eine Leine mit einem Auge über den Poller zu legen, über dem schon die Leinen von zwei anderen Booten liegen.
Nichts leichter als das, denken Sie, und wollen die Leine einfach überwerfen. Ihr Schipper sieht es, tadelt Sie und geht selbst an den Poller, um Ihre Leine noch einmal abzunehmen.

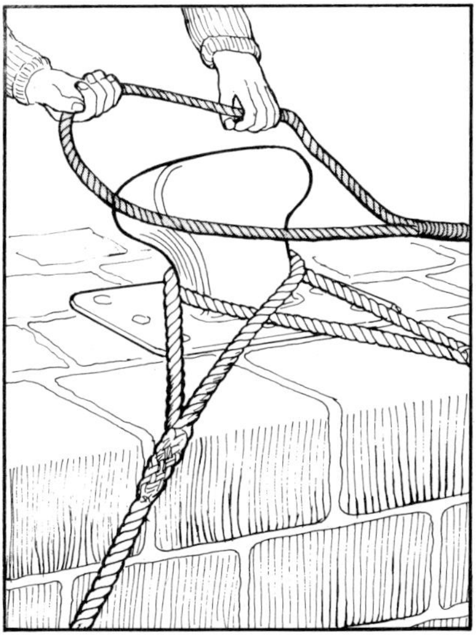

Haben Sie etwas falsch gemacht? Warum nimmt der Schipper sich die Mühe, die Leine noch einmal in die Hand zu nehmen?

Die richtige Entscheidung **10**

Hätten Sie die Leine so „ganz einfach“ über den Poller gelegt, dann hätte – mit Zug auf Ihrer Trosse – keiner die darunterliegenden Leinen mehr lösen können (zumindest nicht, ohne Ihre Leine wieder abzunehmen und damit die Landverbindung zu gefährden.) Ziehen Sie daher Ihre Leine zuerst unter den anderen Leinen und durch deren Augen hindurch und legen das Auge dann über den Poller. Jetzt kann, auch wenn Druck auf den Leinen steht, jeder seine Leine ohne Störung der anderen Boote leicht abnehmen, wenn sie dazu von Bord aus Lose erhält. Es können sogar noch mehr Boote ihre Leine über den gleichen Befestigungspunkt bringen, ohne daß eine Leine die andere behindern wird.

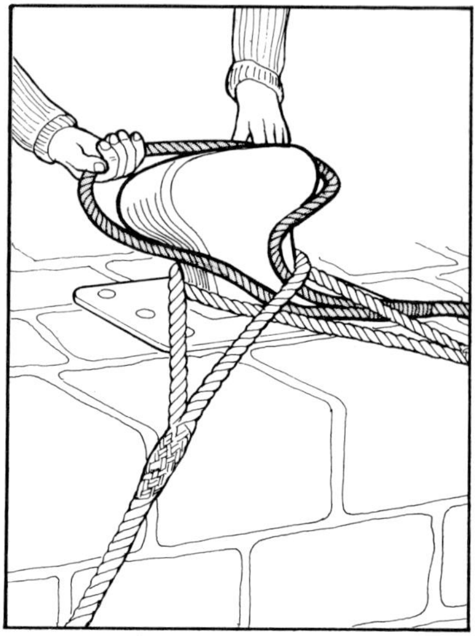

Die Lage ***11***

Sie haben einige Tage mit einem Seekreuzer während eines kurzen Sommerorkans in einem kleinen Inselhafen H übergelegen. Der Wind hat auf eine Vollzeugbrise abgeflaut, aber die See ist noch recht hoch. Der Wind weht aus Nord, auch Ihr Ziel liegt im Norden. Ihr Boot liegt segelklar an der Pier, als Sie einen letzten Blick auf die Seekarte werfen. Zwei Kreuzschläge bieten sich an: Ein Kurs mit einem zuerst nordwestlichen Schlag (auf dem Sie an der linken oberen Karten-Ecke auf einen Nord-Ost-Kurs gehen müssen), und ein Kurs B mit einem zuerst nordöstlichen Schlag, dem dann ein Nordwestkurs folgen wird.

Gibt es Gründe, einem von beiden Kursen den Vorzug zu geben? Für welchen der beiden Kurse entscheiden Sie sich und warum?

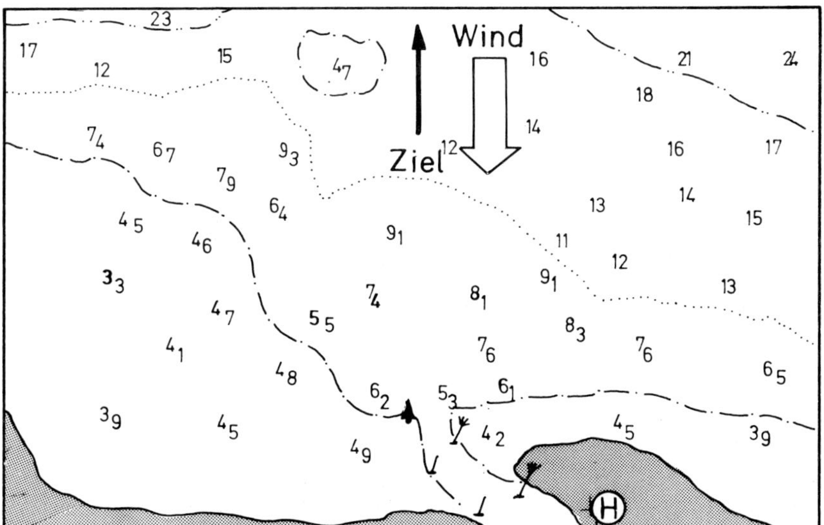
Wind
Ziel
H

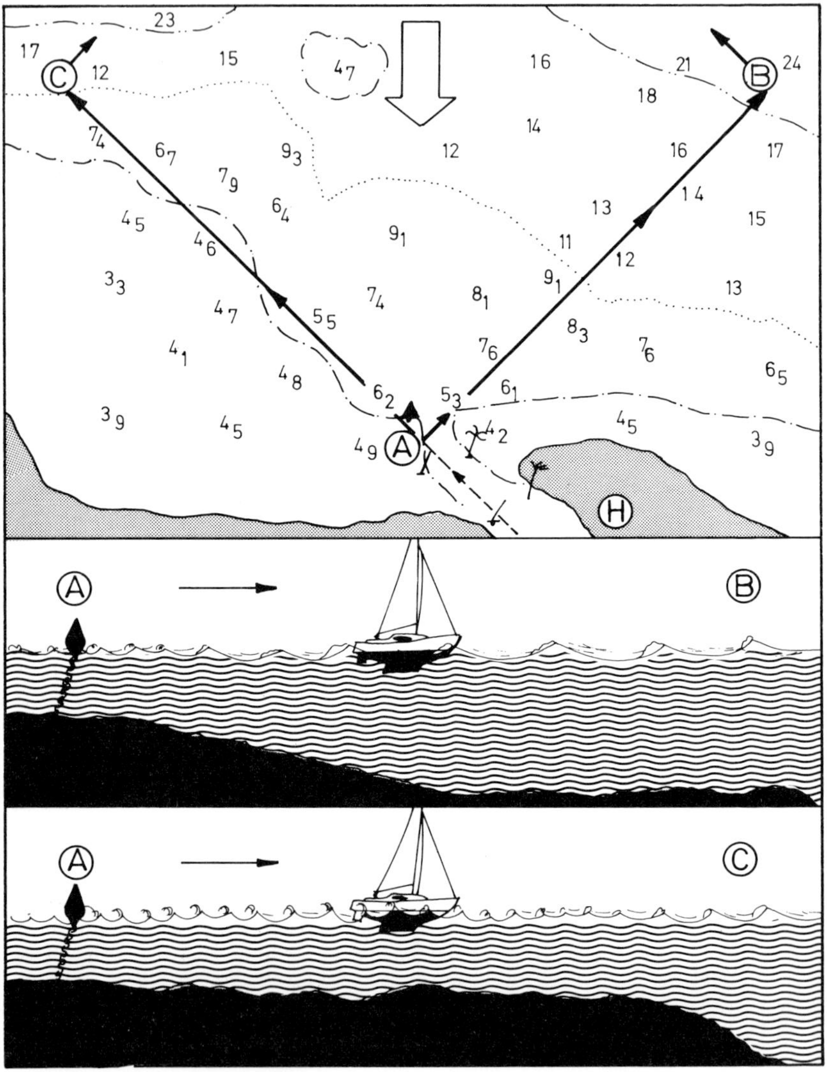
C
B
A
H
A
B
A
C

Die richtige Entscheidung **11**

In jedem Falle müssen Sie zuerst durch eine relativ steile, überbrechende und auflaufende See hindurchsegeln, wenn Sie den Hafen H verlassen haben; denn der orkanartige Wind der letzten Tage hatte eine relativ hohe See aufgebaut, die noch weitgehend als kräftige Dünung bis in die Hafeneinfahrt hineinsteht. Vor dem Westteil der Küste läuft sie auf flachen Grund; dadurch wird der harmonische Orbitalstrom, d. h. der senkrechte Fluß der Wasserteilchen in einer Welle, gestört, und die See bricht über. Je flacher das Wasser, desto gefährlicher sind die Brecher; je plötzlicher später der Übergang vom flachen zum tiefen Wasser erfolgt, desto gefährlicher und unsympathischer wird die Grundsee für ein Boot.

Die Tiefenlinien der Seekarten zeigen Ihnen, daß man auf dem Kurs B schneller und stetiger in tiefes Wasser kommt. Die See, d. h. der Seegang und der Brechereffekt werden beim Kreuzen weniger hinderlich und weniger unsympathisch sein. Die See ist gleichmäßiger, die Wellen sind länger, und das Boot wird die Brecher mit genügend Fahrt überwinden können. Dieser Kurs ist besser als Kurs C, der nicht nur viel länger über die flachen Gründe führt, sondern auch viel plötzlicher mit einer entsprechend steileren See in tiefes Wasser übergeht. Hier kämpfen Sie die ganze Zeit mit einer steilen, kabbeligen See, in der sich Ihr Boot immer wieder feststampfen wird. Bei C selbst erwartet Sie eine steile Grundsee.

Die Lage **(Die Abbildung folgt auf der nächsten Seite.)** **12**

Sie hatten gestern abend geankert (Pos. 1–2) und haben eine Nacht lang vor Anker gelegen (Pos. 3), hinter einer geschützten Küste und in einer reizvollen Bucht. Der Morgen ist schön, und alle beschließen, noch zu bleiben. Der Schipper und die Bordfrau fahren mit dem Schlauchboot an Land; Sie sind mit dem Moses allein an Bord. Der Wind hat etwas rückgedreht. Um 10 Uhr weht er nur mit Beaufort 3, und Ihre Position ist sicher. Dann aber beginnt es aufzufrischen: Ein (offenbar lokaler) stürmischer Wind verstärkt sich auf Stärke 5 und dreht weiter zurück. Sie geben um 12 Uhr mehr Leine (Pos. 4) und blicken sorgenvoll auf das nahe Ufer. Der Motor ist unklar. Um 14 Uhr stecken Sie noch mehr Leine, um die Verankerung besser zu sichern. Aber die Küste ist nun an Ihrer Steuerbordseite so gefährlich nahe (Pos. 5), daß Sie unbedingt etwas unternehmen müssen, wenn Sie nicht stranden wollen.

Wie können Sie sicherheitshalber einen zweiten Anker mit ausreichender Haltekraft ausbringen und gleichzeitig den Gefahren begegnen, die sich bei einer möglichen Weiterdrehung des Windes (und die dann noch nähere Küste) ergeben könnten?

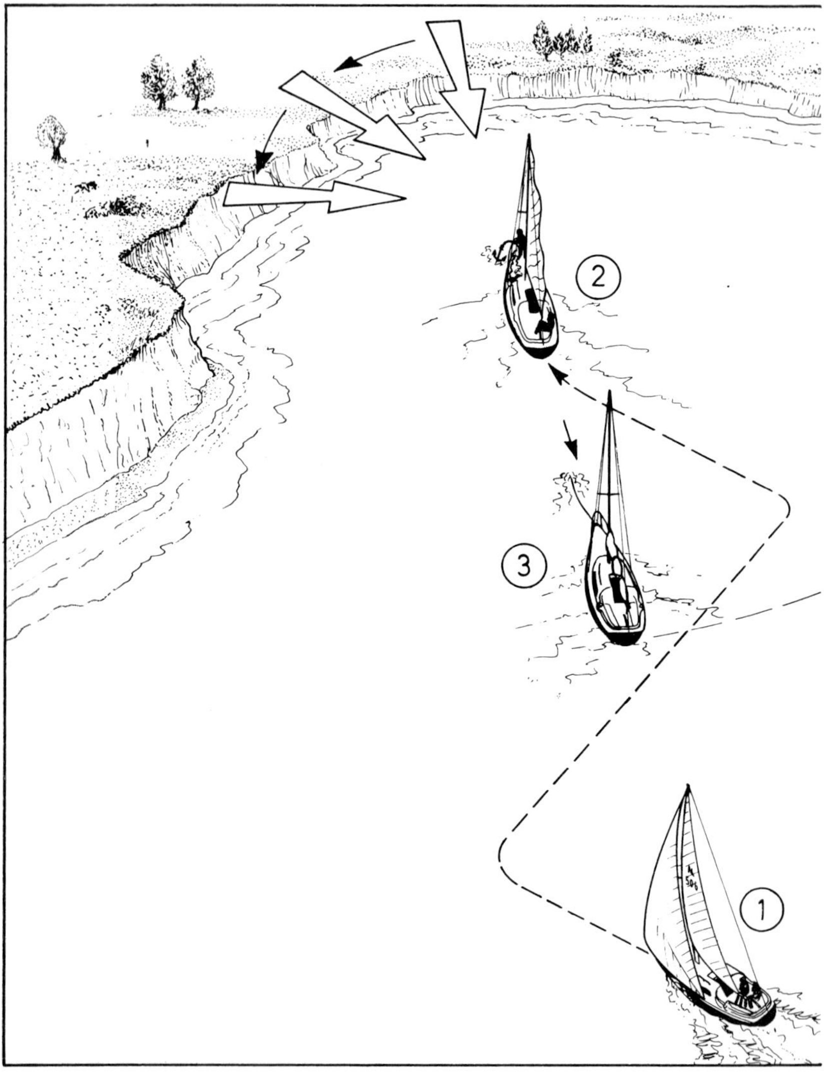
2
3
1

3
4
4
5

Die richtige Entscheidung 12

Das seemännische Manöver ist das gleiche wie beim Vermuren eines zweiten Ankers auf begrenztem Raum: Zuerst legen Sie den zweiten Anker mit einer möglichst langen Ankerleine klar. Dann kürzen Sie die erste Ankerleine; sie von Hand kurstag zu holen, wird bei Wind und Seegang sehr viel Kraft kosten, und da Sie ohnehin zum späteren seitlichen Versegeln die Hilfe des Windes brauchen, setzen Sie das Großsegel in Ihrer Ausgangsposition A und kreuzen in kurzen Schlägen (Pos. 1–2) unter gleichzeitigem Einholen der Ankertrosse zum Anker auf. Natürlich darf nicht so viel Leine aufgenommen werden, daß die Sicherheit der Verankerung gefährdet

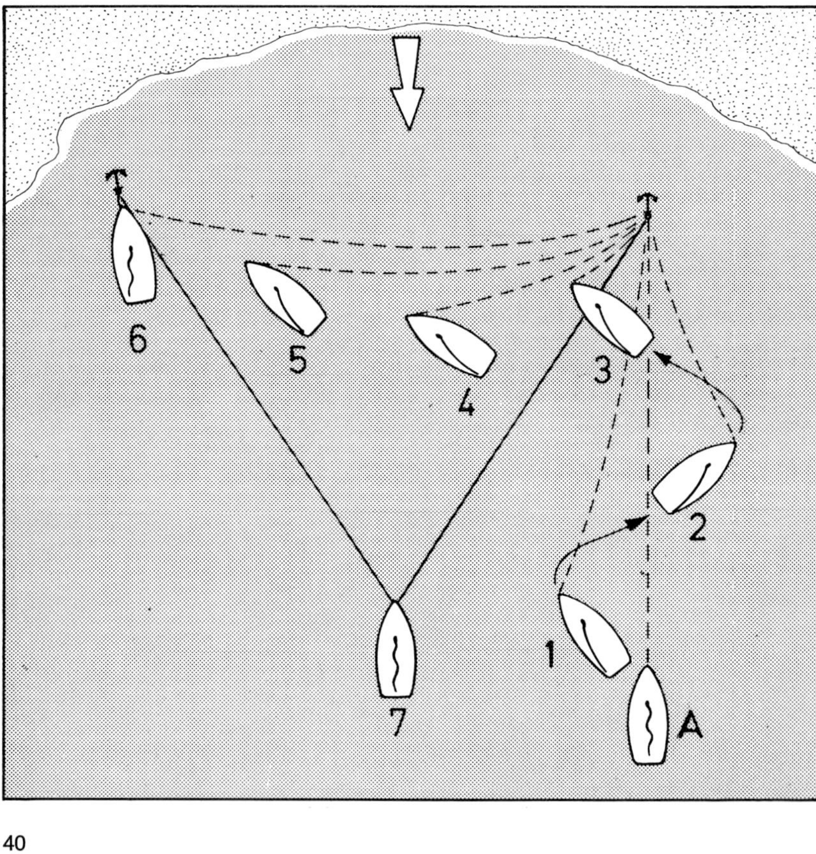

wird. In Position 3 lassen Sie das Boot auf Backbordbug zur freien Seite übersegeln und geben gleichzeitig wieder der Ankertrosse die erforderliche Lose (Pos. 4 bis 5). Ist die erste Ankerleine wieder voll ausgelaufen, lassen Sie das Boot in den Wind schießen (Pos. 6) und werfen den zweiten Anker. Jetzt überholen Sie die Großschot (oder bergen das Großsegel sofort) und lassen das Boot langsam zurücksacken. Zwischendurch halten Sie es kurzzeitig fest, um zu prüfen, daß auch der Warpanker trägt, und fieren dann auch die Leine des zweiten Ankers, bis das Boot in Pos. 7 sicher vor zwei Ankern und in ausreichendem Seitenabstand zur gefährlichen Küste liegt.

Sollte der Wind wider Erwarten noch weiter rückdrehen, bleibt das Boot auch mit dem zweiten Anker vor der Leeküste frei. Behält der Wind entgegen der Erwartung seine Stärke bei gleichzeitig anhaltender Richtungsänderung bei, dann läßt sich der dann weitgehend querab liegende Hauptanker gegebenenfalls aufnehmen, und das Ausbringen des Hauptankers zu einer neuen Position nach See zu erfolgt sinngemäß wie das beschriebene Manöver.

Die Lage 13

Ihr Boot nähert sich einer (betonnten) Seeschiffahrtsstraße. Sie laufen gute Fahrt, und von Steuerbord nähert sich ein größerer Tanker, der ebenfalls nicht langsam ist. Der Rudergänger ruft den Schipper in die Plicht. „Geht das klar?“ fragt er ihn. Der Schipper peilt den Tanker über eine Relingstütze (Pos. 1) und sagt: „Genauen Kurs halten!“ Er blickt selbst ungefähr eine Minute ins Kielwasser und auf den Kompaß, ehe er aus seiner gleichen Position noch einmal über die Relingstütze peilt; der Tanker liegt jetzt in Pos. 2.

„Geht das klar?“ hatte der Rudergänger gefragt. Was antwortet der Schipper? Was entscheidet er?

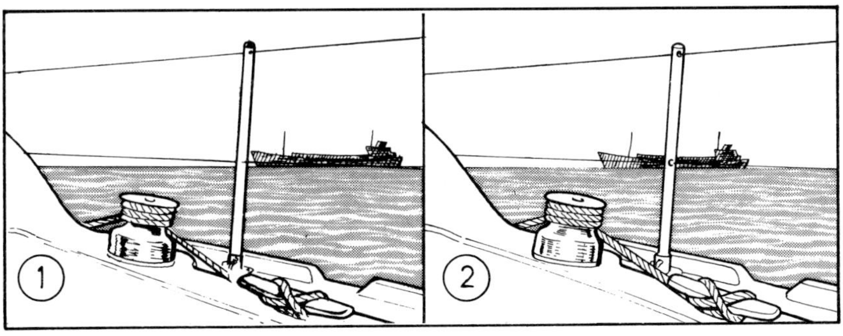

Die richtige Entscheidung 13

„Das geht normalerweise klar", sagt der Schipper; „denn der Tanker wandert nach vorn aus, er läuft also schneller als wir. Je länger das andere Fahrzeug ist, desto größer ist die Distanz, die es uns gegenüber in dieser Minute von Pos. 1 bis Pos. 2 gutgemacht hat. Wenn jedoch der Tanker um einige Grade um seinen Kurs giert und auch wir unseren Kurs nicht genau genug steuern, können wir in Pos. 3 näher aneinander stehen, als uns lieb ist. Auch Luftwirbel oder Windabdeckung in der Nähe eines hohen Schiffsrumpfes (wie bei einem in Ballast fahrenden Tanker) sind uns nicht sympathisch.

Wir wollen daher um ca. 30° nach Steuerbord abdrehen, damit wir die Kurslinie des Tankers sicher hinter seinem Heck kreuzen und dabei gleichzeitig weiter von ihm abbleiben, wenn wir ihm begegnen."

Der Rudergänger steuert also den punktierten Kurs in die Pos. 3a hinein, um die möglichen (ungünstigeren) gestrichelten Kurse zu vermeiden, die beide Fahrzeuge aus ihrer erwarteten Position gefährlich zueinander versetzen könnten.

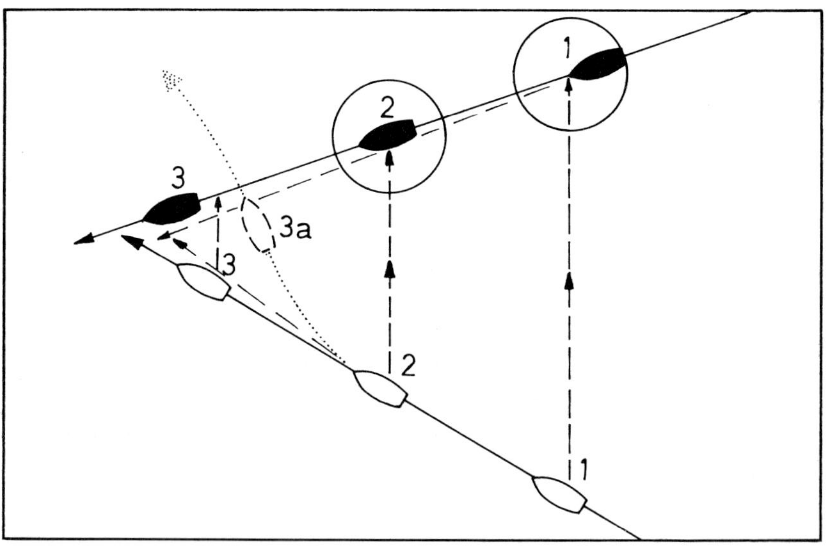

Die Lage 14

Mit einem kleinen Seekreuzer segeln Sie bei auflandigem Wind in sicherem Abstand an einer Steilküste entlang. Es weht hart, die lange Windbahn hat eine relativ hohe See entstehen lassen, und an der Küste erkennen Sie das weiße Gebiß der Brandung. Plötzlich steigen rote Leuchtkugeln in den Himmel. Notsignale?
Sie drehen auf die Küste zu und sehen eine entmastete Yacht, die offenbar zu sinken begonnen hat. Jetzt winken auch die Besatzungsmitglieder und geben mit den Händen Notzeichen. Sie laufen noch näher heran und sehen, daß der herabstürzende Mast das Deck und offensichtlich den Rumpf beschädigt hat.

Sie müssen die andere Crew an Bord nehmen! Aber Sie sind mit einem Mitsegler allein an Bord. Wie legen Sie Ihr Rettungsmannöver an?

Die richtige Entscheidung 14

Die Distanz zur Küste ist gering; es muß also schnell gehandelt werden. Aber seemännische Sicherheit heißt nicht, überstürzt und unbedacht zu arbeiten – und dabei gleichzeitig die eigene Sicherheit aufs Spiel zu setzen! Segeln Sie einmal um die Yacht herum (wenn dies nach Lee noch möglich ist) und prüfen Sie hierbei, wie sie in der See liegt, wie weit sie zu jeder Seite krängt, wie sie rollt, wie und in welcher Richtung sie treibt. Ist die Crew erschöpft? Wie weit kann sie Ihnen bei Ihrer Bergung helfen?

Prüfen Sie auch, wie sich Ihre eigene Yacht verhält, wenn Sie vom Raumschotkurs auf einen Amwindkurs gehen. Führen Sie selbst nicht zu viel Segelfläche, damit Ihr Boot auch handig bleibt, wenn einer allein mit Pinne und Schoten hantieren, der andere sich um die Bergung bekümmern muß? Wenn es die Zeit erlaubt: Drehen Sie noch zwei bis drei Ringe ein, damit Ihr Boot weicher in der See liegt und dem Ruder besser gehorcht.

Da nach Lee nicht mehr genug Raum bleibt, können Sie nur den Bug des Havaristen hoch am Wind ansteuern (Pos. 1), die Fock backsetzen (Pos. 2) und praktisch beidrehen, wenn Sie das Vorschiff erreicht haben (Pos. 3) und eine Leine mit Rettungsring hinüberwerfen, die dann an einer langen Leine (Abb. B) auf den Havaristen zutreiben kann. Der erste Mann der Crew

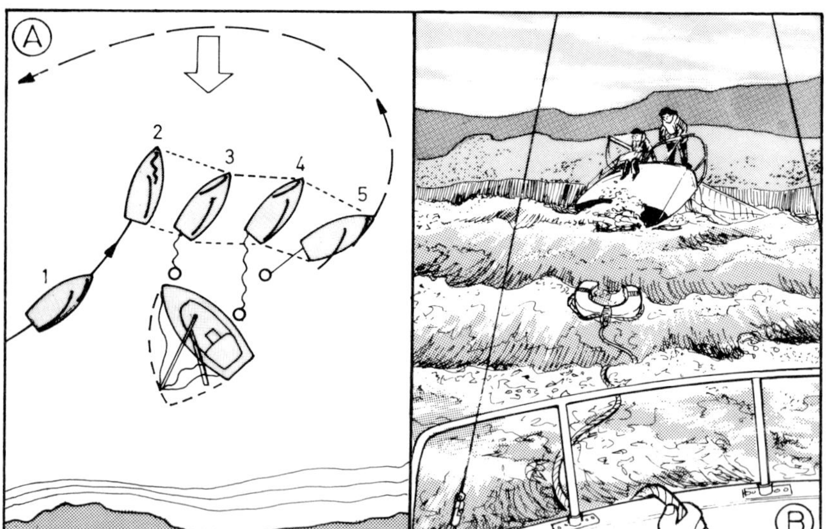

muß jetzt springen, solange Ihr Boot kaum noch Fahrt macht, und während er vom Vorschotmann an die Bordwand gezogen wird, reguliert der Rudergänger durch Dichtholen oder Backsetzen der Fock (Pos. 4–5) sowie Fieren oder Holen der Großschot die Fahrt Ihres Bootes, das den Havaristen in geringem Sicherheitsabstand in Luv passiert. Auch hier muß für jedes weitere Besatzungsmitglied ein neuer Anlauf gefahren werden.

In einigen Fällen kann es sicherer sein, nicht am Bug, sondern am Heck beizudrehen – das ist eine Entscheidung, die der Schipper der Situation entsprechend treffen muß, abhängig vom sicheren Raum, der ihm zum Manövrieren auf Leegerwall bleibt.

Die Lage 15

Sie segeln raumschots mit einem Seekreuzer in eine breite Durchfahrt zwischen zwei Inseln hinein, die jedoch eine ziemliche Ausdehnung in Kursrichtung hat. (Ähnlich ist es, wenn man in einem Flußrevier raumschots segelt.)

Für welche Seite des Fahrwassers entscheiden Sie sich, um durch diese Enge hindurchzusegeln – für die Steuerbord-Seite oder für die Backbordseite? Geben Sie bitte mehrere Gründe für Ihre richtige Entscheidung an.

Die richtige Entscheidung 15

Beherzigen Sie die Faustregel, sich immer an dasjenige Ufer zu halten, zu dem die Großbaumnock des aufgefierten Segels zeigt. Das ist in unserem Beispiel der Kurs auf der Steuerbordseite des Fahrwassers mit den Positionen B_1 und B_2. Hier sind einige Gründe dafür:

1. Für den Schiffsverkehr in begrenzten Revieren gilt – wie auf der Landstraße – ein Rechtsfahr-Gebot. Sie werden also auf der Steuerbordseite des Fahrwassers nicht mit Gegenverkehr zu rechnen haben, während Sie bei einem Kurs entlang der Backbordseite (über A_1 nach A_2) dem Gegenverkehr gegebenenfalls ausweichen müßten.
2. Im Gegensatz zum Passieren der Enge auf einem Amwindkurs (vergleiche Situation 37 auf Seite 103) ist es auf einem Raumschotkurs entlang des Leeufers nicht gefährlich, durch vorbeifahrende Fahrzeuge in der Mitte des Fahrwassers abgedeckt zu werden. Mit achterlichem Wind werden Sie auch dann Ihren Kurs ohne Risiko durchhalten können, wenn Sie kurzzeitig bekalmt sind.
3. Auf diesem raumen Kurs spüren Sie (im Vergleich zum atmosphärischen Wind W_a, der um Sie herum und an Land weht) an Bord nur einen geringeren relativen Wind W_r, weil der Fahrtwind die Geschwindigkeit des Segelwindes an Bord vermindert. In diesem Falle vermindert sich die Geschwindigkeit des atmosphärischen Windes von 13 kn auf eine Geschwindigkeit des relativen Windes von 10 kn (A_1 und B_1).
4. Müssen Sie hingegen in Pos. A_2 zum Ausweichen Kurs ändern und haben keine Möglichkeit mehr, nach Lee abzufallen und zu halsen, dann verdoppeln Sie fast durch das Anluven auf einen hart-raumen Kurs die Geschwindigkeit des relativen Windes (W_r) auf 18 kn, und da die Windkraft mit dem Quadrat der Windgeschwindigkeit wächst, wird Ihre Segelkraft fast verdreifacht. Die Folge ist in Pos. A_2: Ihr Boot springt plötzlich an, legt sich im auffrischenden (relativen) Wind (W_r) hart über und ist nicht mehr nach Lee zu lenken. Sie sausen mit Braßfahrt und vierkant auf das nahe Ufer zu (Schnitt I), wo Sie aufbrummen werden.
5. Diese Gefahr besteht nicht, wenn Sie das gleiche Mißgeschick eines unfreiwilligen Luvens (auch durch einen Steuerfehler des Rudergängers oder bei einer durch die Uferformation bedingten Windschralung, mit der man in einem solchen Revier ständig rechnen muß) auf der Leeseite dieses begrenzten Reviers trifft. Hier kommt man unter den gleichen Windbedingungen in einer solchen Situation in tiefes Wasser (Pos. B_2 in Schnitt I) und kann entweder bis in den Wind weiterdrehen oder mit einem größeren Drehkreis wieder nach Lee abfallen.

Auf Raumschotkursen also: Die Leeseite des Fahrwassers halten und an demjenigen Ufer entlangsegeln, zu dem die Nock des Großbaumes zeigt.

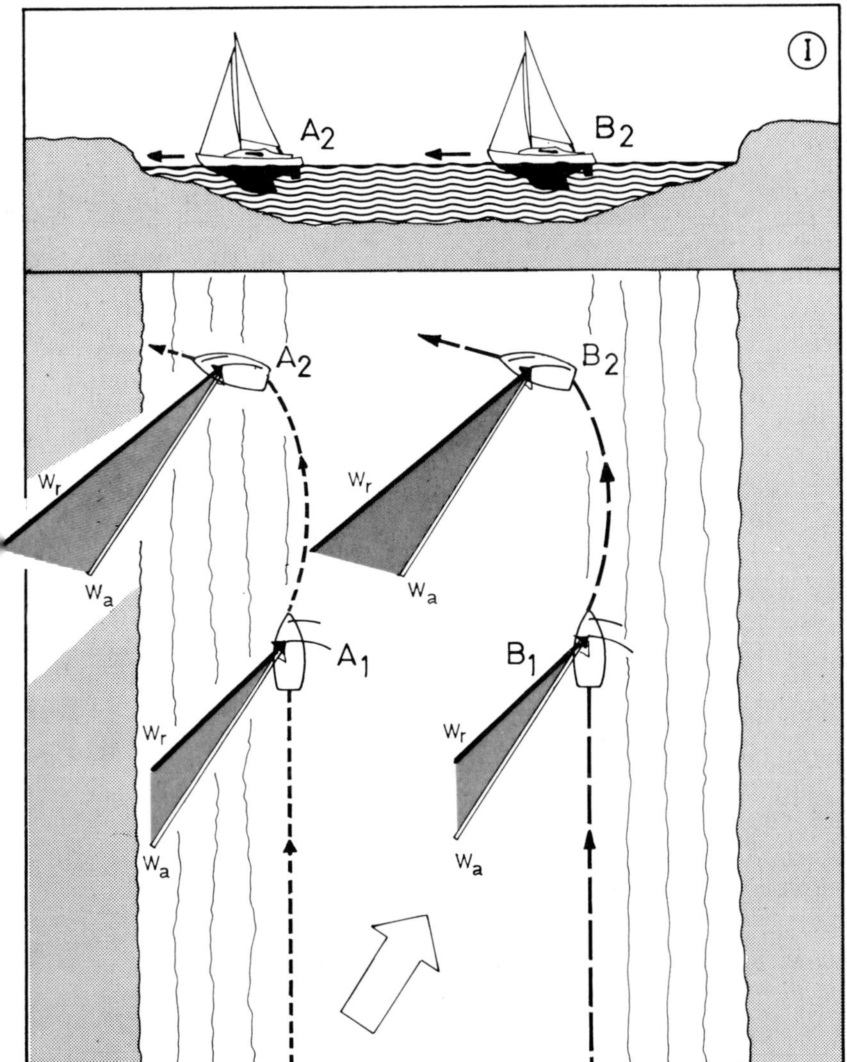
I
A2
B2
A2
B2
Wr
Wa
Wr
Wa
A1
B1
Wr
Wa
Wr
Wa

Die Lage

16

Sie liegen mit Ihrem kleinen Seekreuzer an Ihrem Liegeplatz in einem Bojenfeld, von dem Sie üblicherweise mit Motorhilfe auslaufen. Die Segel setzen Sie dann im freien Wasser, wenn Sie weder durch die anderen, vor Anker oder an Bojen liegenden Boote vor, neben und hinter Ihnen in Ihrer Manövrierfähigkeit eingeengt werden, noch der Wind durch Molen und Häuser in Luv in Richtung und Stärke abgefälscht wird. Eine Wasserströmung haben Sie aber noch nicht registriert.
Heute streikt der Motor. Dafür weht eine schöne Vollzeug-Brise, und Sie wollen nicht wegen des Ausfalls Ihres kräftigen Flautenschiebers auf das Auslaufen verzichten.

Ist es möglich, aus dieser Enge auch unter Segeln auszulaufen? Ist es seemännisch vertretbar, dieses Manöver ohne Gefährdung des eigenen Bootes oder der anderen Bojenlieger zu wagen? Wie könnte man den Liegeplatz nur unter Segeln verlassen?

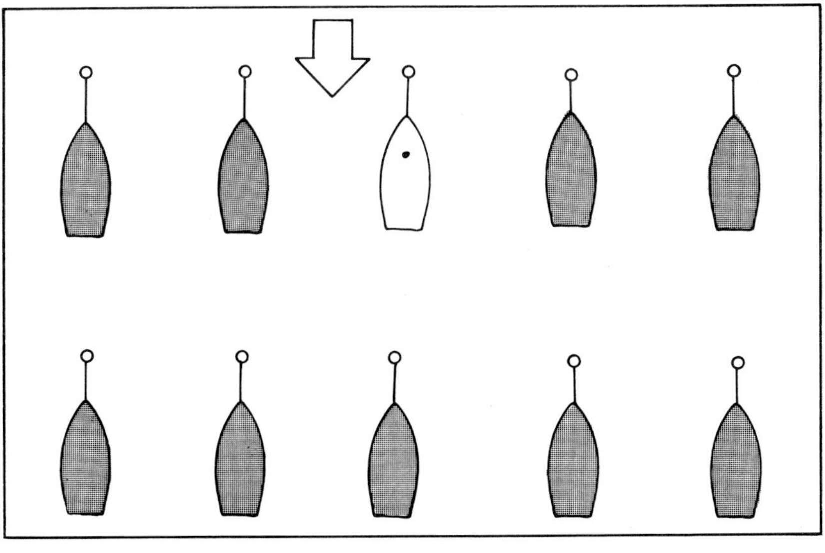

Die richtige Entscheidung 16

Das Ablegen unter Segeln ist möglich. Es kann auch mit ausreichender Sicherheit für das eigene Boot und alle Nachbarboote erfolgen – aber dazu muß sich die Crew gut verstehen, sicher aufeinander eingespielt sein und die richtigen Handgriffe zur rechten Zeit vornehmen:

In diesem engen Raum (Pos. 1) kann man nur mit Großsegel und Fock manövrieren. Das Ruder wird erst wirken und dem Boot die gewünschte Drehtendenz geben können, wenn das Boot Fahrt durchs Wasser macht und die Wasserströmung am Ruder entlanglaufen kann. Bis zu diesem Effekt in Pos. 4 ist es aber noch ein langer Weg. Um der Yacht ein ausreichendes Drehmoment zu geben, damit sie ihren Liegeplatz raumschots verlassen kann, könnte man natürlich am besten nur unter der Fock achteraus treiben; das klappt aber nur, wenn die dahinterliegende Bootsreihe nicht wäre. Zum Passieren der Gasse ist auch das Großsegel nötig.

Wenn Großsegel und Fock gesetzt sind, legt der Vorschotmann die Vorleine zur Boje auf Slip und belegt sie gleichzeitig am Mast oder einer seitlichen Klampe in Masthöhe; das wird hier die Steuerbordseite sein müssen, die beim Abdrehen zur Luvseite wird (Pos. 2). Er holt dann das Boot an dieser Leine in Längsschiffsrichtung an die Boje heran, und der Rudergänger gibt gleichzeitig Backbordruder, um die Backbordseite zu bestimmen, zu der der Kreuzer drehen soll. So erhält das Boot die erste Drehtendenz. Unmittelbar nach Ankunft an der Boje hält der Vorschotmann die Fock back, während die Großschot vollkommen lose ist. Der Bug fällt dann nach Lee ab. Die Vorleine kommt in Richtung auf den mittschiffs liegenden Drehpunkt der Yacht steif, und durch den Segeldruck wird die Boje mit dem Bojengeschirr etwas nach Lee gezogen.

Wenn der Vorschotmann jetzt merkt, daß die noch durch Boje und Leine gebremste Yacht ihre günstigste Leeposition (quer zum atmosphärischen Wind) erreicht hat (Pos. 3), slipt er die Vorleine. Durch die backgesetzte Fock und das immer noch ohne Windkraft freischwingende Großsegel hält die Drehtendenz nach Lee an, und das Boot kann auf dem Teller weiterdrehen. Bei sehr schwerfälligen Booten kann die Bojenleine in dieser Position auch weiter zum Heck verfahren werden, wo sie der Rudergänger in die Hand nimmt und erst etwas später slipt, wenn der Bug schon frei von dem nebenliegenden Bojennachbarn ist.

Ist der kleine Kreuzer sicher über ca. 120° zum atmosphärischen Wind hinausgedreht (Pos. 4), nimmt der Vorschotmann die Fock über, während der Rudergänger die Großschot langsam dichtholt. Mit Fahrtaufnahme wandert der relative Bordwind ohnehin weiter nach vorn aus, und es bedarf nur eines kurzen Pulls an der Großschot, damit sich das Segel füllt und ziehen kann. Holt man das Großsegel von Anfang an zu dicht, wird die Luvtendenz zu früh verstärkt. Andererseits ist es nicht schwierig, einen raumen Kurs durch

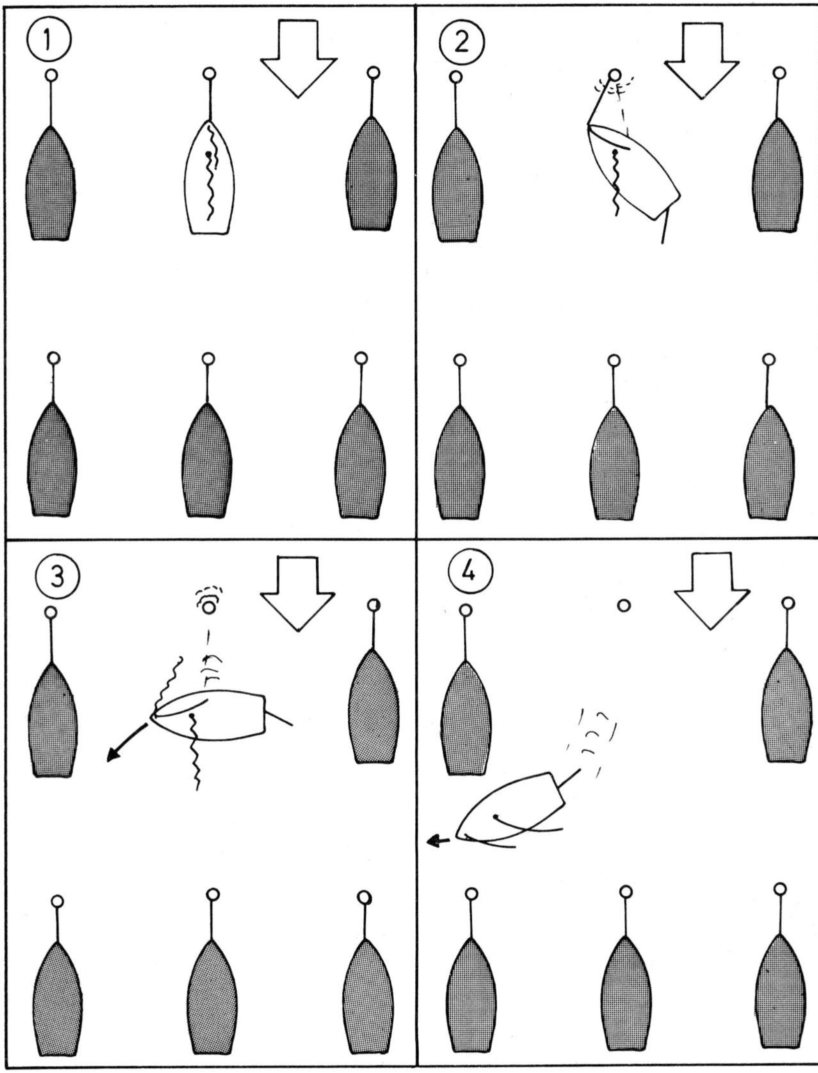
1
2
3
4

die Bojengasse hindurchzusteuern, weil unser Boot jetzt dem Ruder sofort gehorcht und ein Anluven jederzeit und ohne Schwierigkeiten möglich ist, falls die Bojen in Lee zu nahe kommen – auch bei schralendem Wind und in der Abdeckung der luvwärtigen Bojenlieger.

Das Verlassen einer Muring in einem Bojenfeld mit anderen Booten in nächster Nachbarschaft ist nicht einfach; aber wenn der Besatzung das Auslaufen in der hier beschriebenen Form und ohne Kollision mit einem Nachbarboot gelingt, kann sie auf ihre seemännische Erfahrung schon stolz sein.

Die Lage **17**

Sie sind einhand auf Fahrt gegangen und hatten beabsichtigt, Ihr Ziel direkt und ohne Aufenthalt zu erreichen. Das Wetter hat Ihnen jedoch einen Strich durch Ihre Pläne gemacht. Der Wind hat ungünstig gedreht und dabei aufgefrischt, und nun müssen Sie auf einem Ankerplatz auf besseres Wetter warten.
Wie aber ankert man auf Einhand-Fahrt? Das Boot muß unter Segeln und manövrierfähig bleiben, bis der Anker gefaßt hat; man kann daher die Plünnen nicht vorher bergen. Beim Ankermanöver selbst muß der Einhandsegler praktisch gleichzeitig auf dem Vorschiff arbeiten, wo der Anker gefiert und mit der Trosse hantiert werden muß, aber er muß auch an der Pinne stehen, wenn das Boot zum Ankern aufschießt bzw. während des Manövers selbst am Ankerplatz im Wind gehalten werden muß.

Wie legt der Einhandsegler seine Manöver an? Wie kann er sich behelfen – auch unter Berücksichtigung des Ankerlichtens unter dem gleichen Handicap?

Die richtige Entscheidung 17

Der Einhandsegler muß diese Probleme vorher überdenken; im Angesicht der Küste und wenige Bootslängen vor seinem Ankerplatz ist es zu spät dazu. Aber auch hier kann er noch in Ruhe überlegen: Er geht über Stag und dreht auf dem anderen Bug mit dichtgeholtem Großsegel und (ganz oder zum Teil) nach Luv geschotetem Vorsegel bei. Dabei macht der Seekreuzer keine Fahrt voraus, sondern treibt nur mit geringer Geschwindigkeit auf einem Amwindkurs nach Lee

Der Schipper muß beim Ankern aus der Plicht arbeiten; denn er kann seinen Platz an der Pinne nicht verlassen (es sei denn, er zurrt zwei Steuerleinen von der Pinne beidseits am Kajütaufbau entlang zum Vorschiff; aber das ist umständlich.) Leichter ist es, dafür den Anker aus der Plicht von Bord zu geben. Für dieses Manöver benötigt er nur einen Stahlring, einen großen, kräftigen Schäkel, der über die Ankertrosse oder Ankerkette faßt und auf ihr gleiten kann, oder ein mit einem Pahlstek gelegtes Auge in einer Fangleine, die um die Ankerverbindung gelegt wird.

Zur Vorbereitung Ihres Ankermanövers stecken Sie den Anker an die Trosse oder Kette, geben ihr eine Lose von ca. einer Bootslänge und bringen den Anker an seiner Trosse oder Kette außen herum um Wanten und Stagen bis in die Plicht. Die Ankerverbindung läuft jetzt nur am Bug durch die Stevenrolle oder eine Lippe, aber sowohl der Anker wie die holende Part liegen griffbereit neben dem Rudergänger. Die ebenfalls außen herumgeführte Führungsleine belegen Sie an einer Klampe (Abb. A). Jetzt können Sie Ihr Vorsegel wieder richtig schoten und Kurs auf Ihren Ankerplatz nehmen; denn Sie sind klar zum Ankern bei einer Einhandfahrt.

Hat das Boot seinen Ankerplatz erreicht (B) und ist es zum Stehen gekommen, gibt der Einhandschipper den Anker von der Plicht über Bord und fiert gleichzeitig die Fangleine auf ungefähr eine Bootslänge etwas auf. Mit dem Zurücksacken des Bootes wird dann die Ankertrosse weggefiert und dabei gleichzeitig auf Schoten und Ruder geachtet. Wenn der Anker gefaßt hat, belegt man zuerst die Trosse um eine Schotwinde in der Plicht und birgt dann erst die Segel. Mehr Leine zu stecken, ist dann auch vom Vorschiff nicht schwierig, weil während der ganzen Zeit des Manövers die Ankertrosse sicher in der Lippe oder in der Stevenrolle liegt. Belegt wird die Ankertrosse dann in der üblichen Weise am Vorschiffspoller.

Natürlich kann der Einhandschipper auch ohne die Fangleine den Anker in der gleichen Weise aus der Plicht über Bord geben. Der schwierigere Teil des Ankermanövers bei Einhandfahrten ist jedoch das Ankerlichten, und hierzu ist die Fangleine unbedingt erforderlich, wenn man auch unter ungünstigen Bedingungen tatsächlich sicher unter Segeln Anker lichten will, mit nur einer Hand für Anker, Schoten und Pinne.

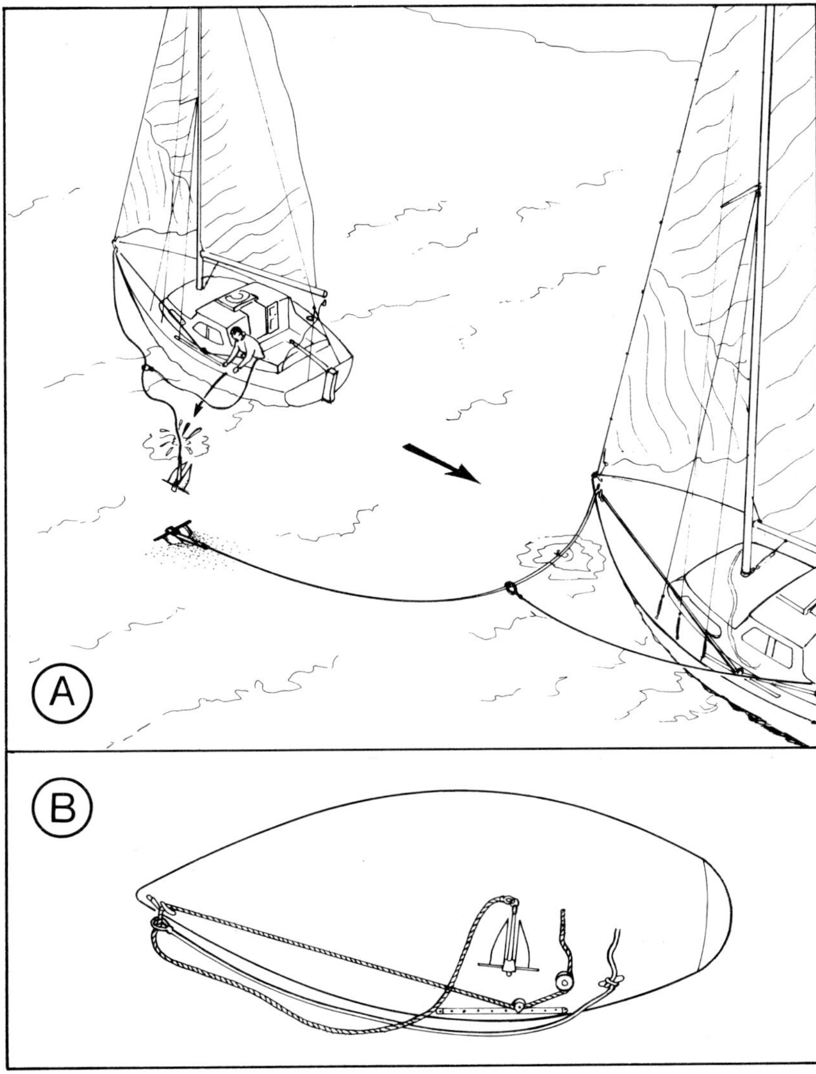
A
B

Die Lage

18

Mit einem Seekreuzer in Küstennähe unterwegs. Flußmündungen liegen in Luv, der Seekreuzer segelt mit halbem Wind in einer frischen Vollzeugbrise mit einer ausgeprägten See und ersten weißen Mützen auf den Kämmen (A). Der Schipper ist in die Kajüte gegangen, um Kartenarbeit zu machen. Er will gerade die geschätzte Windstärke 4–5 mit Seegang 3 in das Logbuch eintragen, als der Moses, der die Pinne führt, von oben ruft:
„Schipper! Der Wind hat jetzt abgeflaut! Auch der Seegang ist nicht mehr so stark (B)! Ich glaube, Wind 3–4 und Seegang 2 sind doch richtiger!"

Nimmt der Schipper diese Mitteilung nur zur Kenntnis? Trägt er die veränderten Werte in das Logbuch ein, nachdem er sich selbst überzeugt hat, daß der Moses gut beobachtete? Oder versucht er, aus dieser nicht gerade plötzlichen, aber offenbar doch deutlichen Änderung von Windgeschwindigkeit und Seegangsbild entsprechende Schlüsse zu ziehen?

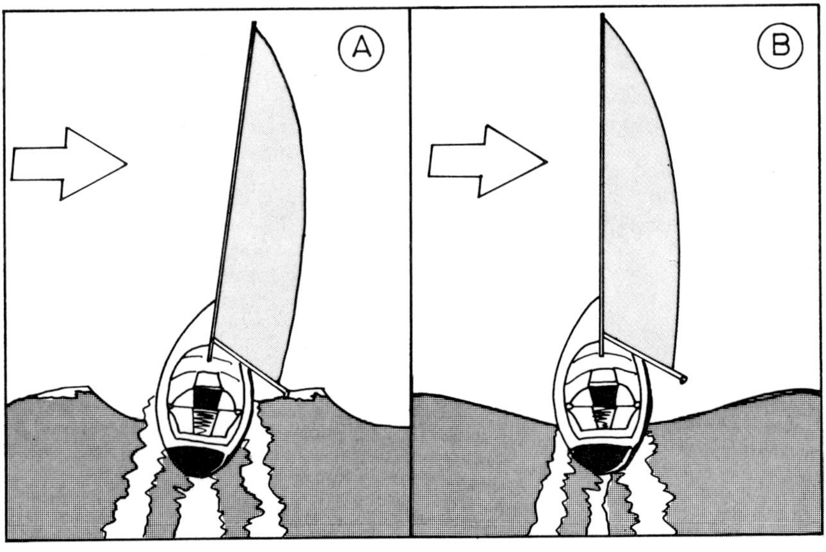

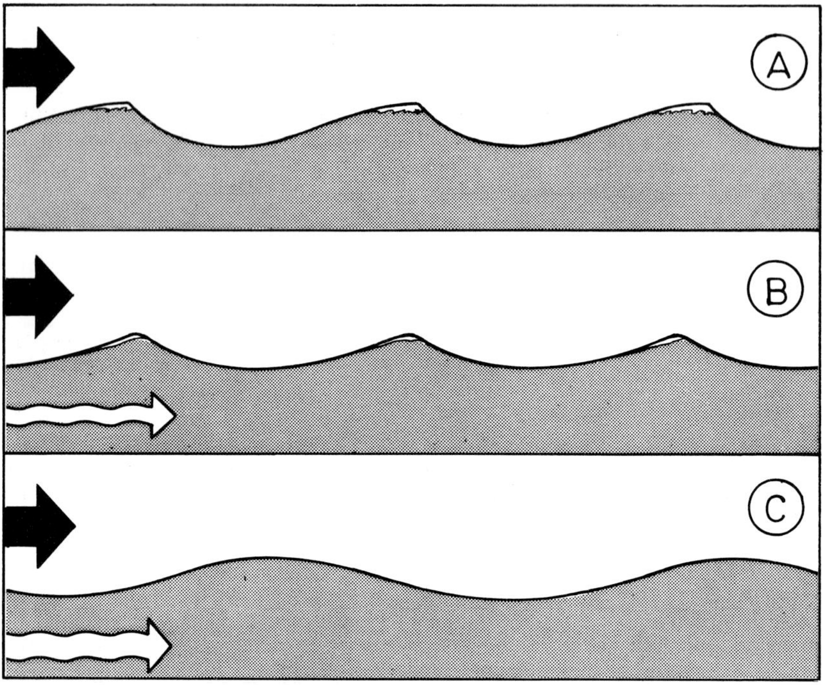

Die richtige Entscheidung **18**

Der mehr oder weniger plötzliche Übergang aus einer mäßigen bis frischen Brise in eine schwache Brise sowie aus einer leicht bis mäßig bewegten See in einen schwachen Seegang sind in der Tat wichtige Nachrichten für den Schipper und Navigator. Besagt doch diese Wind- und Seegangsänderung, daß Sie bisher weitgehend ohne Strom und unter den normalen atmosphärischen Windbewegungen von Beaufort 4–5 gesegelt waren (A) und in einem Revier schipperten, wo so gut wie kein Strom lief. Jetzt sind Sie (vielleicht unmerklich und nur durch die Veränderung des Wellenbildes wie in B zu entdecken), in eine starke Strömung geraten, die Ihr Boot nach Lee setzt, vielleicht an einer unterseeischen Schwelle. Diese Strömungen müssen nicht nur durch Gezeiten bedingt sein. Sie können auch weit vor den Mündungen großer Flüsse spürbar sein und besonders dann sehr plötzlich auftreten, wenn Sie bei einem Kurs quer zu Wind und Strom (C) aus flachem Wasser in tiefere Gewässer übersegelt sind.

Strom mit dem Wind glättet nicht nur die See und verlängert die Länge der Welle, er vergrößert auch die Abdrift, setzt uns (für den unerfahrenen Segler zuerst kaum merklich) kräftig weiter nach Lee, und bei dieser Drift durch das Wasser vermindert sich die Geschwindigkeit des relativen Windes um die Stromversetzung; der wirksame Wind an Bord flaut ab.

Die Meldung des Rudergängers war also nicht nur für die Logbuch-Eintragung, sondern auch für die weitere Kurswahl durch den Schipper und Navigator bedeutungsvoll.

Die Lage **19**

Der Moses steht auf dem Vorschiff und will eine Wurfleine werfen. Ihnen kommt es darauf an, daß Ihre Leinenverbindung über eine relativ lange Distanz zur Pier in jedem Falle das Land mit seinem dort harrenden Festmacher erreicht.

Sind Sie zufrieden mit der Vorbereitung Ihres Vorschotmannes – oder greifen Sie lieber selbst zur Wurfleine?

Die richtige Entscheidung 19

Man schießt eine Wurfleine immer in zwei Teilen auf, wenn man sie zum Werfen vorbereitet: In die Wurfhand nimmt man ca. 10 kleine Törns mit dem außenliegenden Wurfleinenknoten, in die andere Hand ca. 10 längere Buchten, die man während des Schleuderns hergibt. Vom außenliegenden Wurfleinenknoten folgen alle Törns in beiden Händen ohne Kinken und ohne Bekneifen so aufeinander, daß die Leine bis zu ihrem (an der Festmachetrosse befestigten) Ende ungehindert hinausfliegen kann. So muß der Moses seine Wurfleine vorbereiten!

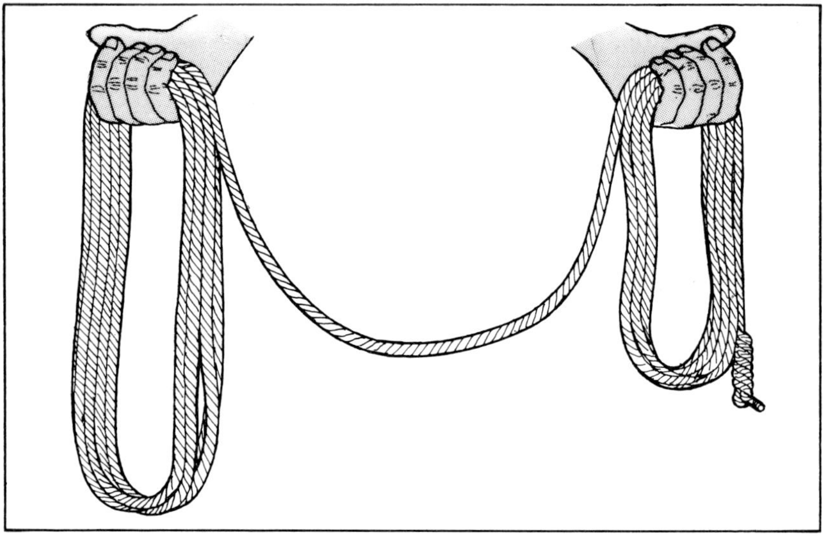

Die Lage 20

Eine Sturmfahrt durch die dänischen Gewässer liegt hinter Ihnen und ein kleiner Hafen mit einer nicht einsehbaren hohen Mole vor Ihnen. Sie haben das Großsegel gut gerefft und die Sturmfock gesetzt. Beim Einlaufen bevorzugen Sie einen Flautenschieber, aber er springt nicht an. Ein Mann steht bereits am Mast, um kurz vor der Hafeneinfahrt das Großsegel zu bergen.

Was muß der Schipper tun: Unbekannter Hafen, keine Kenntnis von den Liegeplätzen und ihrer Belegung, manövrierfähig nur mit Windkraft. Läuft er jetzt und so ein?

Die richtige Entscheidung 20

Ein Hafen ist immer bekalmt, und auch, wenn der Wind nicht über Land, sondern von See weht, schirmen diesen Hafen noch zusätzlich die hohen Molen ab. Das heißt: Ihre Windmotore, die Segel, auf deren Hilfe Sie hier allein angewiesen sind, erhalten nur einen Teil der Windenenergie – sie nutzen nur die Luftströmungen aus, die über die Molen wegfließen und weitgehend nur die Kopfpartien der Segel erreichen.

Wer ohne Motor einlaufen will, muß zuerst vor dem Hafen aufschießen, alle Reffs aus dem Großsegel schütten und dann in den fremden Hafen einlaufen. Eine kleine Fock ist nicht hinderlich – im Gegenteil, mit ihr kann auch der Schipper noch zusätzlich allein hantieren, wenn der Vorschotmann auf dem Vorschiff das Manöver zum Anlegen am Bollwerk oder an einer Boje vorbereitet und nach dem besten Befestigungspunkt an Land – Ring oder Poller, Klampe oder Pfahl – Ausschau hält.

Auch im Sturm hat ein Seekreuzer mit Vollzeug in einem von Mauern umgebenen Hafen nie zu viel Segelfläche. Er kann einen kurzen Schlag kreuzen, wenn der Liegeplatz in Luv liegt, kann unter Segeln auf- und abstehen, um die Lage zu peilen, oder sogar beigedreht warten, bis ihm ein Liegeplatz zugewiesen oder freigemacht wird.

Ist das Großsegel nicht voll geheißt, oder führt das Boot nicht genug Segel, dann treibt es hilflos nach Lee ab und landet in irgendeiner leewärtigen Ecke (zum Gespött der besseren Kapitäne an Land), die es nicht erreichen wollte und aus der es sich mit eigener Kraft (ohne Motor) auch nicht mehr herausarbeiten kann.

Die Lage

21

Sie haben Ärger mit Ihrem „Windmotor", den Segeln: Das Großsegel läßt sich nicht bergen bzw. reffen, weil das Fall offensichtlich im Schlitz der Fallscheibe am Masttopp von der Rolle gekommen ist, und nun können Sie bei dem aufgefrischten Wind nicht die angemessene Segelführung wählen. Um sich ganz „der Lage" widmen zu können – Vorbereitung des Aufenterns in den Mast; Klarmachen zum Reffen bzw. Heraufholen des Sturmgroßsegels; Wahl eines anderen Vorsegels – beschließen Sie, das Boot „beizudrehen". Jetzt liegt es ohne wesentliche Fahrt voraus annähernd gestoppt so hoch am Wind wie möglich, mit geringer Drift nach Lee.

Während Sie arbeiten, nähert sich von Steuerbord ein anderer Seekreuzer. Sie sehen ihn, aber entscheiden, nicht auszuweichen; denn nach Ihrer Meinung ist ein beigedrehtes Segelboot manövrierunfähig. Es hat damit Wegerecht, und der Rudergänger des anderen Bootes muß Segler genug sein, um den Zustand des „Beiliegens" zu erkennen.

Ist Ihre Meinung richtig?

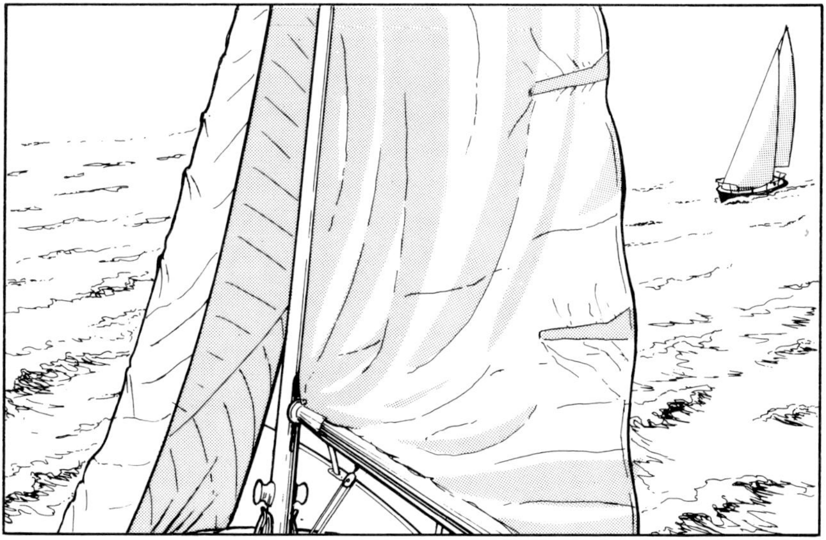

Die richtige Entscheidung **21**

Nein! Die Seestraßenordnung unterscheidet nur zwischen Fahrzeugen, die „in Fahrt" und anderen, die „vor Anker" liegen oder „auf Grund" geraten sind. Sie sind, auch beigedreht, in Fahrt, und sollten daher schnell die backgesetzte Fock wieder übernehmen, die Schoten fieren und nach Steuerbord abdrehen, um dem anderen Seekreuzer aus dem Wege zu gehen.

Wenn Sie wollen, daß die Wegerecht-Yacht die Schwierigkeiten, in die Sie geraten sind, respektiert, müssen Sie ihr diesen Ihren Zustand als „manövrierunfähiges Fahrzeug" deutlich signalisieren. Dazu müssen Sie zwei schwarze Bälle übereinander an gut sichtbarer Stelle setzen – z. B. das Vorsegel ganz bergen und am Vorstag Ihren Ankerball über oder unter einem Kugelfender bzw. zwei andere, ähnlich runde Signalkörper vorheißen – die „Fahrtstörungsbälle." Auch Segelboote können „manövrierunfähig" werden – nicht nur, wenn das Ruder klemmt, sondern auch, wenn ein Schaden am „Windmotor", Ihren Segeln, aufgetreten ist, der es Ihnen verbietet, die Schoten zu fieren oder zu holen (und damit die Segel selbst zu bewegen) oder den Kurs zu ändern (und damit mehr Windenenergie auszunutzen, als es in der derzeitigen Lage wünschenswert und möglich ist). Aber: die zur notwendigen Kennzeichnung erforderlichen (Hilfs-)Signalgeräte müssen an Bord sein und gesetzt werden.

Die Lage

22

Eine Landspitze zu runden, ist nicht immer einfach. Steht der Wind entgegen, läuft auch meistens der Strom in gleicher Richtung – auch in Revieren, in denen man nicht mit Gezeiten rechnen muß. Eine solche Huk hat ihre Tücken, und der Rudergänger tut gut daran, von seinem Platz das Ziel zu peilen. Abbildung A zeigt die Huk um 10.05 Uhr, Abbildung B um 10.10 Uhr und Abbildung C um 10.15 Uhr.

Wie sind diese Sichtungen des Rudergängers zu deuten? Kann unser Boot auf diesem Kurs die Huk anliegen?

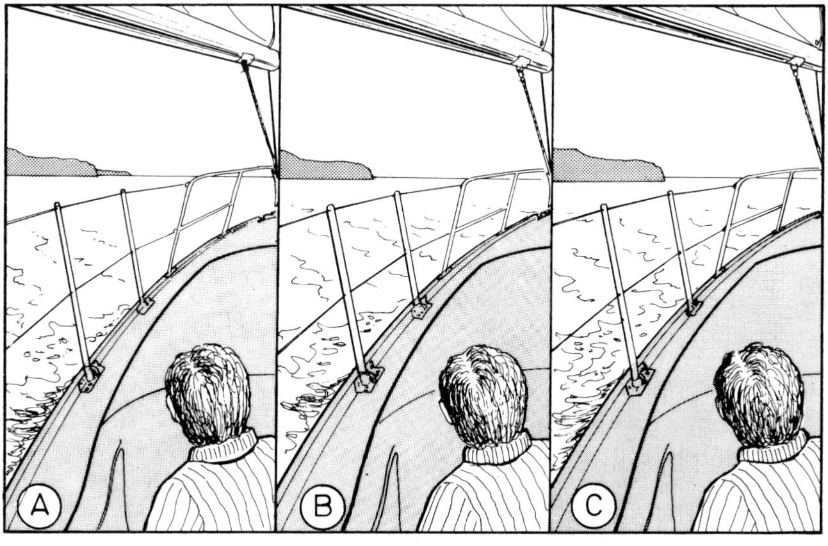

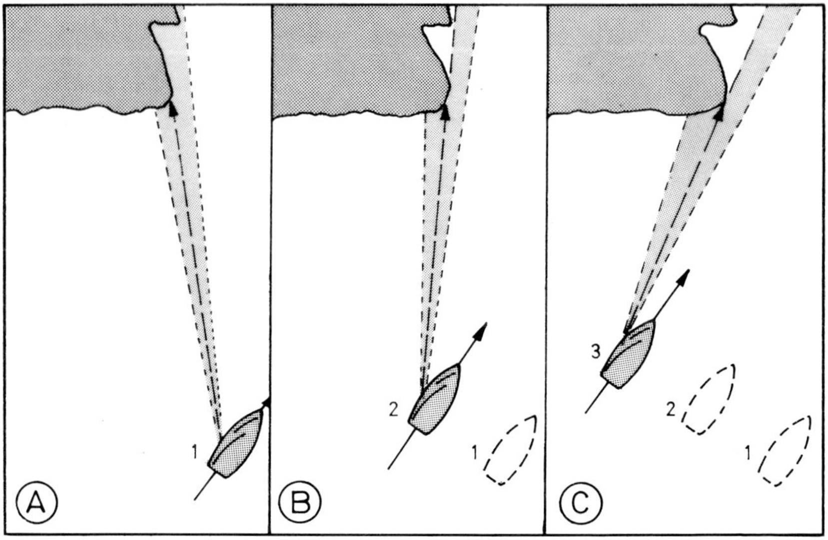

Die richtige Entscheidung 22

Abdrift und Stromversetzung setzen Sie zurück. Beim ersten Blick (A) war noch eine zweite, dahinterliegende Huk und damit ein Teil der hinweglaufenden Küste zu erkennen. Beim Blick B standen Sie (mit unveränderter Relingposition der Huk) weiter nach Lee, und im Blick C, als bereits die Relingstütze bis zur Huk zurückgesackt war, wurde diese ungünstige Abdrift noch deutlicher. Auf diesem Bug werden Sie die Landspitze also nicht passieren können; Sie werden (hier aus Gründen des begrenzten Bildraumes bewußt übertrieben dargestellt) mehr nach Lee versetzt, als Sie in Kursrichtung gutmachen.

Die Lage

Stockfinstere Nacht. Ihre Wochenendtour mit einem Seekreuzer hat länger als erwartet gedauert; der Wind war einfach zu flau. Jetzt laufen Sie mit halbem Wind heimwärts; bei Windstärke 3 macht Ihr Boot keine berauschende Fahrt, aber die Zeit muß ausgenutzt werden. Es ist eine dunkle Neumondacht mit tiefen Wolken und einer schwarzen Wand genau an jener Seite, wo die Küste liegt. Mit einem Kompaß an Bord wäre es leicht, nach Hause zu finden; aber eine dumme Handbewegung mit dem Winschenhebel hat ihn außer Betrieb gesetzt. Auch ein Lot ist nicht an Bord. Es kann gefährlich werden, so weiter zu laufen – aber niemand kann warten.

Der Schipper hat keine Befürchtungen. „Wartet nur, gleich haben wir die Küste gefaßt“, sagt er zu seiner Crew. „Dann werden wir uns schon bis zum Hafen durchmogeln können, auch ohne Kompaß und ohne Landsicht, und morgen früh werdet ihr alle wieder pünktlich bei eurem Job sein! Wir müssen nur noch . . .“

Durch welche Maßnahme will der Schipper die Situation verbessern? Was kann er tun, um ohne genauen Schiffsort, ohne Kompaß und Lot den Hafen H zu erreichen?

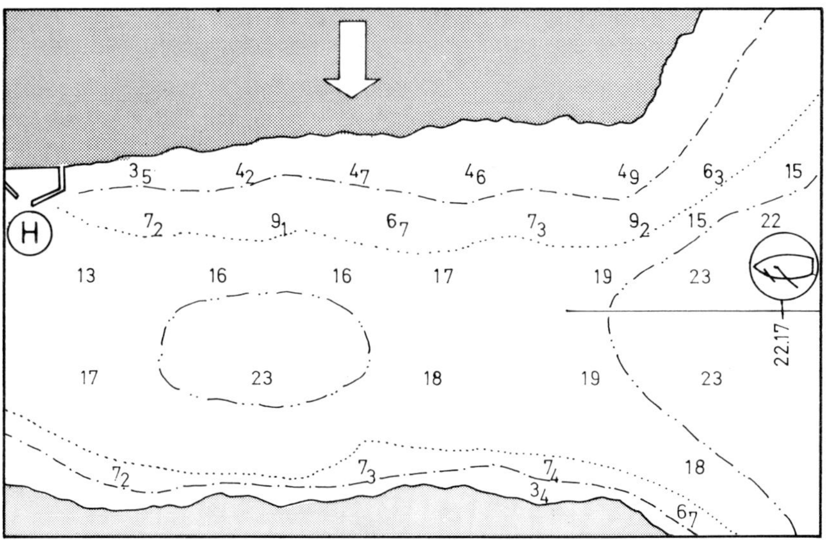

Die richtige Entscheidung 23

Der Schipper muß nicht sein Revier, er muß nur seine Karte kennen; denn was er vorhat, funktioniert nicht nur in einem bekannten, sondern auch in einem unbekannten Seegebiet. Die Küste ist – zumindest zu beiden Seiten der 5-m-Tiefenlinie – „sauber", und diese Tiefenlinie selbst führt annähernd in Kursrichtung bis zum Hafen.

Der Schipper läßt daher den Anker klarmachen und ihn mit einer Leinenlänge von ca. 7 m ins Wasser fieren. Jetzt zieht der Seekreuzer, der mit halbem Wind segelt, praktisch einen Suchdraggen unter sich her, der auf ca. 5 m Wassertiefe Grundberührung haben wird. (Durch die Fahrtgeschwindigkeit hängt die Leine in einem Winkel, und daher muß sie länger ausgesteckt werden, um den Anker auf der geringeren Tiefe zu halten). Die Segeleigenschaften werden sich dabei nur geringfügig verschlechtern. Zugegeben, der Seekreuzer wird durch den am Bug hängenden Anker leegierig, aber dem kann durch Schotführung und Ruderhilfe abgeholfen werden.

Jetzt luvt der Schipper etwas an und hält auf die (nicht in Sicht liegende) Küste zu. Aber sein Kurs ist ohne Risiko; denn irgendwo dort wird der Anker seine Fahrt abstoppen. Die Crew wird schnell merken, wenn der Anker gefaßt hat; aber ohne Schwierigkeiten wird er wieder ausbrechen. Dann weiß der Schipper, daß er an der markanten 5-m-Linie steht. Er folgt ihr jetzt in einem Wechsel zwischen hartraumen und raum-achterlichen Kursen, d. h. er fällt ab, wenn der Anker Grund berührt hat, und luvt nach gewisser Zeit wieder an, bis sich der Anker wiederum an der 5-m-Linie eingräbt.

So kann die Yacht die ganze, flaue Nacht auch bei diesigem Wetter, ohne Kompaß und Motorhilfe nutzen, und sie wird in der Morgendämmerung und bei Sichtbesserung Küste und Hafen deutlich erkennen und die letzte Distanz bei guter Sicht zurücklegen können.

Wenn die 5-m-Linie bei einem großen Boot zu gefährlich und zu flach ist, kann die 10-m-Linie (oder sogar nur die 20-m-Linie) gleiche Hilfe bieten.

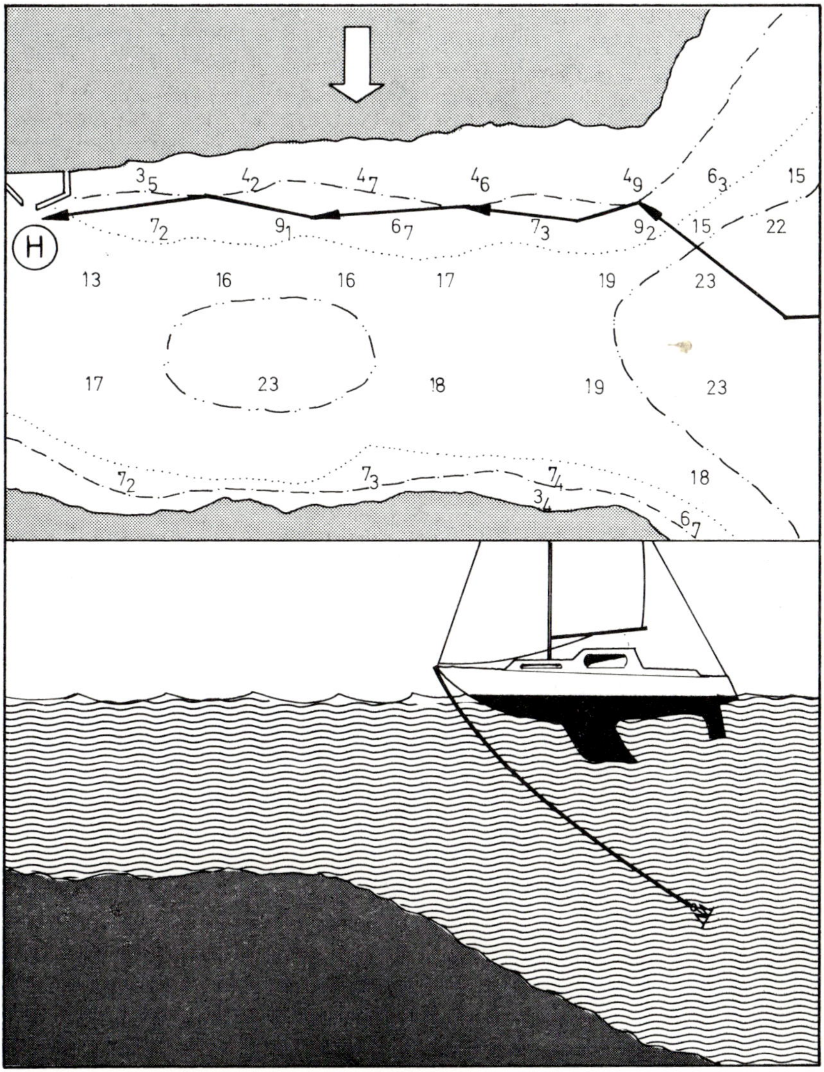
H
3_5 4_2 4_7 4_6 4_9 6_3 15
7_2 9_1 6_7 7_3 9_2 15 22
13 16 16 17 19 23
17 23 18 19 23
7_2 7_3 7_4 18
3_4 6_7

Die Lage

Der begeisternde Raumschotskurs unter Großsegel und Fock geht zu Ende. Ihr Boot hat eine überaus schnelle Fahrt gelaufen. Sie haben niemals weniger als 6 kn geloggt, aber sind auch nie der Versuchung unterlegen, mehr als Großsegel und Fock I zu setzen. Um Sie herum haben Sie eine atmosphärische Windgeschwindigkeit von Beaufort 5, d. h. 18 kn geschätzt, aber an Bord war der wirksame relative Segelwind mit 16 kn natürlich etwas flauer.

Jetzt muß hinter dieser langgestreckten Kette von flachen Inseln und Untiefen, deren Ende durch eine Tonne gekennzeichnet ist, der Kurs geändert werden: anluven und aufkreuzen. Ihre Crew zeigt wenig Tendenz, die Segelführung zu ändern; bleiben Sie ebenfalls gelassen?

Werden Sie es beim Dichtholen der Schoten belassen, wenn Sie die Tonne erreicht haben und den Kurs wechseln – oder bereiten Sie sich auf eine Änderung der Segelführung vor? Sollten Sie mit diesem Gedanken liebäugeln: machen Sie dann der Besatzung Beine, damit sie noch vor dem Anluven die möglichen Anordnungen des Schippers ausführen kann, oder verschieben Sie eine mögliche Segeländerung auf die folgende Kreuz?

Die richtige Entscheidung 24

Eine Änderung der Segelführung wird notwendig sein, wenn Sie bei einer atmosphärischen Windgeschwindigkeit von 18 kn oder Beaufort 5 von einem Raumschots- auf einen Kreuzkurs wechseln. Diese Segeländerung sollte immer auf dem alten Raumschotskurs vorgenommen werden, weil man dort (ohne krängendes Boot und mit der geringeren relativen Windgeschwindigkeit an Bord) bequemer arbeiten kann. Erst recht ist die Änderung der Segelführung in dieser Situation vor der Kursänderung wichtig, weil Sie zwar nicht durch eine Enge kreuzen, aber doch das Fahrwasser auf dem neuen Kurs durch ein Ufer auf der einen und eine Untiefe auf der anderen Seite gefährlich begrenzt ist.

Die scheinbar simplen Striche unserer Abbildung sollten Sie sich einmal genau ansehen: Auf dem Raumschotskurs mit der verträglichen Segelführung von Großsegel und Fock (I) nutzten Sie einen relativen Bordwind von 16 kn aus. Jeder Quadratmeter Segelfläche erzeugte hierbei eine Kraft von 6,1 kp, der Ihrem Boot die begeisternde Fahrtgeschwindigkeit von 6 kn (oder 3 m/sec) schenkte.

Nach dem Anluven wird der relative Bordwind auf 22 kn auffrischen, obwohl sich Ihre Bootsgeschwindigkeit an der Kreuz auf 4,5 kn vermindert. Da die Windkraft bekanntlich mit dem Quadrat der Windgeschwindigkeit wächst, erzeugt der gleiche Quadratmeter Segeltuch, den Sie dem Wind auf diesem Kreuzkurs anbieten, 11,5 kp Kraft – (fast) das Doppelte des Raumschotskurses. Das kann Ihr Boot mit der alten Segelführung nicht (im wahrsten Sinne des Wortes) „verkraften", und die Segelfläche ist entsprechend zu vermindern (II) – mindestens auf das einfach gereffte Großsegel und die kleinere Fock II.

Sie können also den skeptischen Blikken Ihrer vielleicht unerfahreneren Crew mit Selbstsicherheit entgegentreten; denn Ihre Mitsegler werden spätestens nach der Kursänderung sehen, wie recht Sie hatten. Ein Schipper jedoch, der sicher und mit Freuden segelt, weiß diese Entwicklung vorherzusehen und richtet sich beizeiten auf eine neue Lage ein.

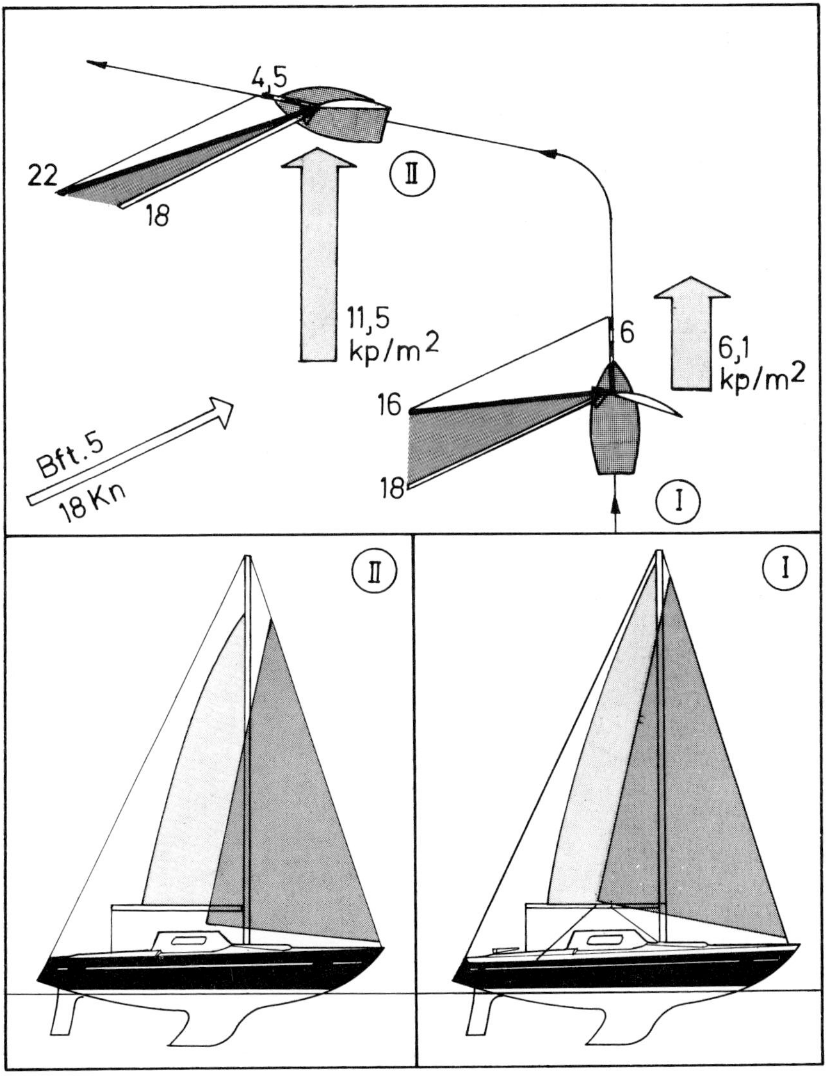
4,5
22
18
II
11,5
kp/m2
6
6,1
kp/m2
16
18
I
Bft. 5
18 Kn
II
I

Die Lage

25

Sie sind mit einem Seekreuzer unterwegs und durch einen Fehler des Rudergängers außerhalb des Fahrwassers in flachem Wasser und auf Legerwall auf Grund gelaufen. Alle Versuche, das Boot durch Krängen oder mit Hilfe des Bootshakens wieder in tieferes Wasser zu bringen, sind gescheitert. Ein vorbeikommendes Motorboot bietet seine Hilfe an. Sie geben eine Leine auf das Motorboot, und während sich die Crew an der Leeseite an die Wanten hängt, schleppt das Motorboot an. Vergeblich! Auch als Sie den Baum ausschwingen (mit einem Crewmitglied darauf und Ballastgewichten daran) und versuchen, Ihren Seekreuzer noch härter zu krängen, rührt er sich nicht von der Stelle.

Wie können Sie ohne andere Hilfsmittel dennoch größere Erfolge beim Abbergen erzielen?

Die richtige Entscheidung 25

Befestigen Sie die Schleppleine in Höhe der unteren Saling am Mast und führen Sie sie unter dem Kiel hindurch zum Motorboot. Wenn jetzt der Helfer anschleppt, hat sein Zug zuerst eine krängende Wirkung, die durch das Anheben des schräg gestellten Kiels mit dem Steifkommen der Leine noch unterstützt wird. Jetzt werden Sie ohne Schwierigkeiten freikommen.

Sollte der Motorbootfahrer sofort mit vollen Touren starten, geben Sie ihm den Rat, mit Halbgas anzuschleppen; die Kraft, die das (weitgehend stillie-gende) Boot dabei erzeugt, ist größer, als wenn der Motor mit Vollast arbeitet.

Bei diesem „Schleppen auf der Stelle" wirkt der Propeller nicht mit gleicher Kraft, als wenn das Boot seine Fahrt durchs Wasser macht. Der Wirkungsgrad des Propellers fällt hierbei auf einen Bruchteil seiner eigentlichen Schubkraft ab, da für den Schub selbst nur der erzeugte Slipstrom verwertet wird. Entsprechende Anhaltswerte sind aus den sogenannten „Standproben" bei den Motoren-Erprobungen

bekannt. So erreichte man z. B. mit einem 10-PS-Außenborder unter vergleichbaren Bedingungen mit Halbgas einen Schub von ca. 200 kp, mit Vollgas von ca. 70 kp, mit einem 110-PS-Einbaumotor in einem Motorkreuzer mit Halbgas ca. 500 kp, mit Vollgas ca. 120 kp. Die sehr stark von den Möglichkeiten des Wasserzuflusses unter dem Rumpf, der Drehzahl des Motors und der Art des Propellers abhängigen Werte sollen nur als Anhalt dafür dienen, daß man beim Abschleppen mit Halbgas einen viel größeren Schub erzeugen kann, als wenn man den Motor auf vollen Touren laufen läßt; erst wenn der aufgebrummte Seekreuzer freikommt und das Motorboot Fahrt aufnimmt, kann der Motorbootschipper den Fahrhebel entsprechend weiter in Richtung auf höhere Tourenzahl legen.

Die Lage **26**

Eine kurze Frage, gleichsam zur Erholung und Entspannung, und mit einer Zeitbegrenzung von 5 Sekunden für die Antwort – weil es sich um eine so alltägliche Situation handelt:
Sie sind unterwegs und begegnen einem Frachter, der an Steuerbord querab in Sicht kam. Der Rudergänger peilt ihn in Pos. 1 mit Bordmitteln so geschickt an, daß sein Bug genau hinter der Kajütdachstrebe liegt. Dann blickt er auf den Kompaß und bemüht sich, einen möglichst geraden Kurs zu steuern, um nach ungefähr einer Minute wieder nach dem Frachter zu sehen. Jetzt peilt er ihn mit unveränderter Körperhaltung wie in Pos. 2.

Was ist zu tun? Besteht Kollisionsgefahr, wenn beide Kurs und Fahrt beibehalten? Müssen Sie (als Schipper des ausweichpflichtigen Bootes) Kurs und Fahrt ändern?

Die richtige Entscheidung 26

Es besteht keine Kollisionsgefahr! Der Frachter läuft schneller als Ihr Boot; er ist in einer Minute um ca. eine Schiffslänge (von der ersten Peilung zur zweiten Peilung) ausgewandert. Sie können Kurs und Fahrt durchhalten und werden nach Pos. 3 den Kurs des Motorschiffes ca. eine Schiffslänge hinter seinem Heck ungehindert kreuzen können.

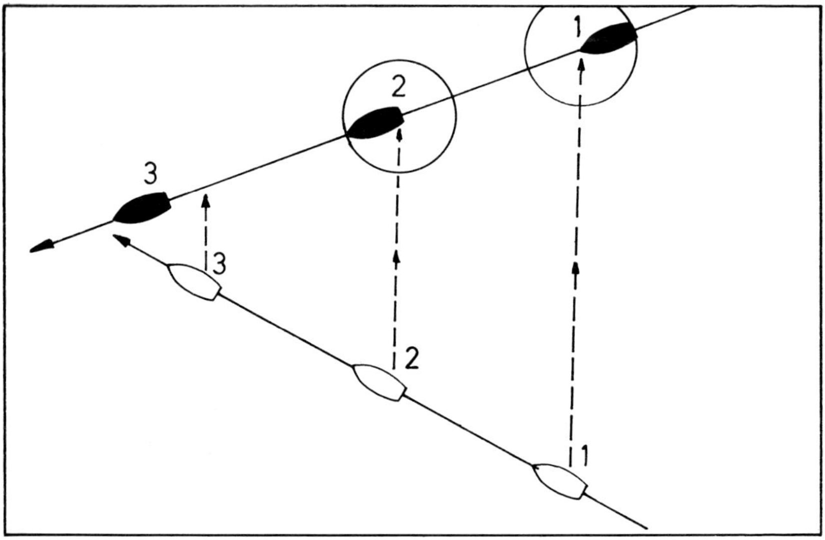

Die Lage 27

Mit einem Seekreuzer unterwegs auf Urlaubsfahrt und nach langer Abwesenheit auf dem Rückweg in die heimischen Gewässer. Ein kleiner Hafen B soll zum Abend angelaufen werden, den Sie schon auf der Ausreise passierten; er ist der einzige in der Nähe: Ein kleines, verschwiegenes Plätzchen, aber unbefeuert. Einige Pricken bezeichnen die Einfahrt mit einer großen, aber unbeleuchteten Ansteuerungstonne.

Achterliche See, viel Wind, tiefhängende Wolken und schlechte Sicht. Die Dämmerung hat gerade begonnen, und die beiden Leuchtfeuer in A und C brennen bereits. Die Bewegungen auf Ihrer kleinen Yacht sind jedoch so heftig, daß Sie, so sehr Sie sich auch bemühen, weit voneinanderliegende Standorte erhalten, wenn Sie eine Kreuzpeilung machen: Ihr Koppelort für 21.04 und die beiden wahren Orte für 20.37 und 20.41 liegen breit gefächert auseinander, und Sie sind offenbar auch schneller gelaufen als erwartet.

Sie werden den Hafen auch nicht mehr mit dem letzten Büchsenlicht erreichen, wenn Sie bei hoher achterlicher See auf die Küste zuhalten – und welchen Kurs sollen Sie steuern? Von 20.41 nach B mit 25° – aber dann können Sie auch viel weiter östlich auf die Küste treffen, wenn Ihr Ausgangspunkt um 20.41 falsch war. Oder von 20.37 nach B mit 0°? Aber dann ist auch ein tatsächlicher Nordkurs von 20.41 auf die offene Küste möglich, wenn auch dieser Ausgangspunkt nicht der richtige ist.

In jedem Falle wird es schwierig sein, die Ansteuerungstonne zu finden, wenn man sie nicht gerade direkt „auf den Kopf" bekommt. Was kann man tun? Auf gut Glück einen Versuch wagen (und dabei gefährlich auf Legerwall geraten)? Draußen bleiben (ankern ist nicht möglich, treibenlassen macht die Situation nicht sympathischer)? Unter Segeln auf und abstehen, bis am nächsten Morgen die Sicht vielleicht etwas besser geworden ist – oder noch etwas anderes tun?

Wie würden Sie als Schipper handeln?

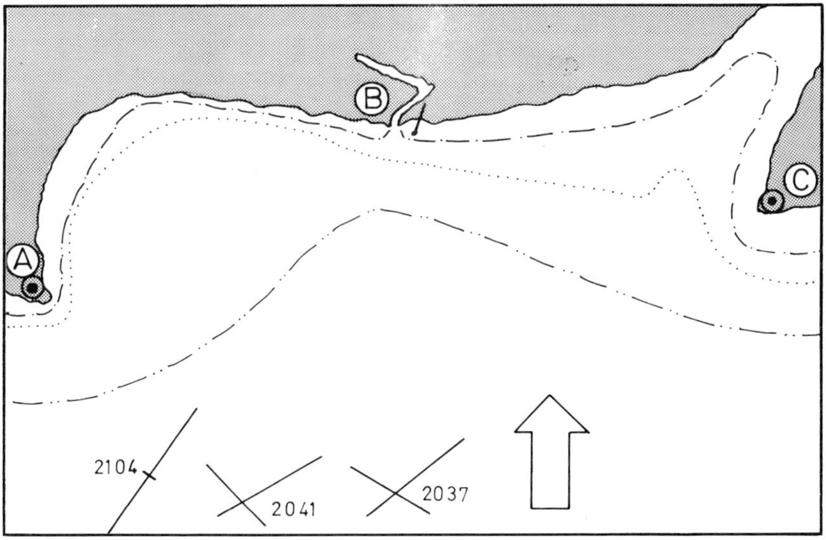

Die richtige Entscheidung **27**

Alle Gefahren habe ich bereits bei einer Analyse der Situation genannt; aber hier habe ich noch den gefährlichen Kursfächer eingetragen. Die einzige Möglichkeit ist, einen besseren Schiffsort zu erhalten und sich dabei nicht nur auf Peilungen, sondern auch auf Lotungen zu verlassen.
Laufen Sie also mit einer geringen Kursdifferenz von 53° bzw. 61° auf das Feuer C zu, weil die 10-m-Linie vor dieser Huk weiter nach See verläuft. Dann erhalten Sie mit Peilung und Lotung oder mit Kreuzpeilung (zu A) und Lotung einen genaueren Schiffsort, und von hier aus ist die Ansteuerungstonne auch mit einem geringeren Fehlerwinkel ansteuerbar: Sie nehmen C auf einem Kurs von 277° zum Hafen B achteraus und folgen dabei gleichzeitig der parallel verlaufenden 10-m-Linie.
Mit halbem Wind sind Sie auch vor der Leeküste noch sicher genug, und die fast in Kursrichtung verlaufende 10-m-Linie gibt Ihnen mehrfach Gelegenheit, zu prüfen, ob Sie noch luvwärts in tiefem Wasser (dann können Sie gegebenenfalls etwas abfallen) oder leewärts in flachem Wasser (dann müssen Sie kräftig anluven) stehen. Es wird dann in einer hellen Sommernacht auch bei bedecktem Himmel und schlechter Sicht einfach sein, die Ansteuerungstonne sicher anzulaufen oder mit Hilfe der Distanz, die Sie

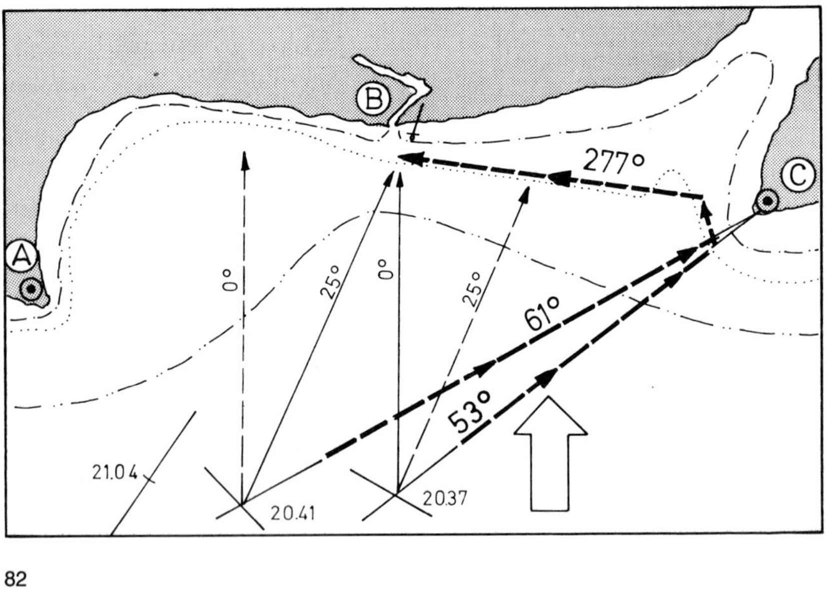

vom letzten genaueren Schiffsort zurückgelegt haben, exakter zu wissen, wann Sie sie erreicht haben. Notfalls kann man in der gegißten Nähe der unbeleuchteten Ansteuerungstonne auch mit einigen Schlägen auf- und abstehen und zum Schluß noch einmal genau Ausguck halten. Das Einsteuern wird dann keine Schwierigkeiten bereiten.

Die Lage

28

Sie segeln an einer langen, flachen Küste mit Dünengelände und ohne Landmarken entlang. Flaches Wasser und Sandbänke erstrecken sich bis weit vor die Küste. Sie möchten so dicht wie möglich an die Küste heranlaufen, um so weit es geht nach Luv Distanz zu gewinnen und am Ende dieser langen, eintönigen Küstenlinie zu Ihrem in Luv liegenden Ziel aufkreuzen.

Wie können Sie Ihre Distanz zur Küste feststellen, wenn am einsamen Strand nur hier und dort ein Zelt steht? Die Seekarte gibt Ihnen genau an, wie weit nach Luv genügend Wasser ist – aber wie kann man die Entfernung zum Ufer messen?

Die richtige Entscheidung 28

Der einfachste Weg, einen Abstand zu einem bestimmten Punkt zu messen, ist immer noch die Vierstrich-Peilung. Als Objekt muß nicht nur ein (gebauter) Leuchtturm oder ein (festgewachsener) markanter Baum gelten, auch ein (wenigstens für die Zeit der Peilung fest an seinem Platz stehendes) Zelt, ja sogar Menschen beim Sonnenbaden am Strand können als Fixpunkte dienen.
Sie peilen also ganz einfach beim Vorbeilaufen mit 45° Schiffspeilung eines dieser (nicht verwechselbaren) Zelte an, messen die Distanz, die Sie zurücklegen (durch simples Loggen mit dem Relingslog, durch unser ausgebrachtes Patentlog oder über irgendeine teure Fahrtmeßanlage), bis Sie das gleiche Objekt querab, d. h. mit einer Schiffspeilung von 90° peilen. Ihre von A nach B zurückgelegte Distanz ist dann genauso lang wie der Abstand, den Ihr Boot im Punkt B vom Zelt am Uferstrand hat. Sie können jetzt genau entscheiden, wie weit Sie noch an die Küste herangehen können (wie es Ihnen die Seekarte erlaubt), und gegebenenfalls später bei geringerem Abstand noch einmal eine Vierstrich-Peilung zur Sicherheitskontrolle machen.

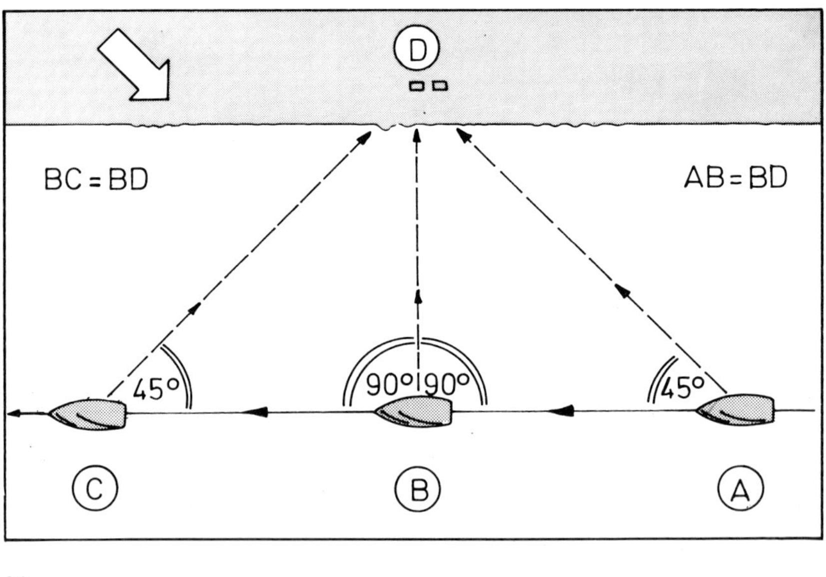

Die Lage

29

Raum-achterlich auf Spinnakerkurs mit einem 9-m-Seekreuzer, der eine Konstruktionswasserlinie von 7,50 m und hier eine Schwimmwasserlinie von ca. 8 m hat. Sie spüren einen Segelwind an Bord, den Sie als sogenannte „Vollzeug-Brise" lieben und freuen sich der geloggten Geschwindigkeit von 6 kn. An der Tonne voraus soll der Kurs um ca. 40° nach Steuerbord geändert werden. Die Crew sitzt tatenlos herum; nur der Rudergänger und der Spinnaker-Schotmann sind in Tätigkeit.
„Au fein, Vati", sagt der Junior, „das wird ein schneidiger Raumschots-Spinnaker-Kurs mit unserem Flachmann, wenn wir an der Tonne erst anluven und die Schoten etwas dichter holen können!"
„Das wird nicht sein", sagt der Schipper kurz. Statt dessen ruft er: „All hands! Klar zum Bergen des Spinnakers! Klarmachen der großen Fock! Klarmachen zum Reffen des Großsegels!"

Hätten Sie auch so entschieden? Ist es ein vorsichtiger, ein feiger oder ein erfahrener Schipper? Welche Gründe könnten seine Entscheidung bestimmen?

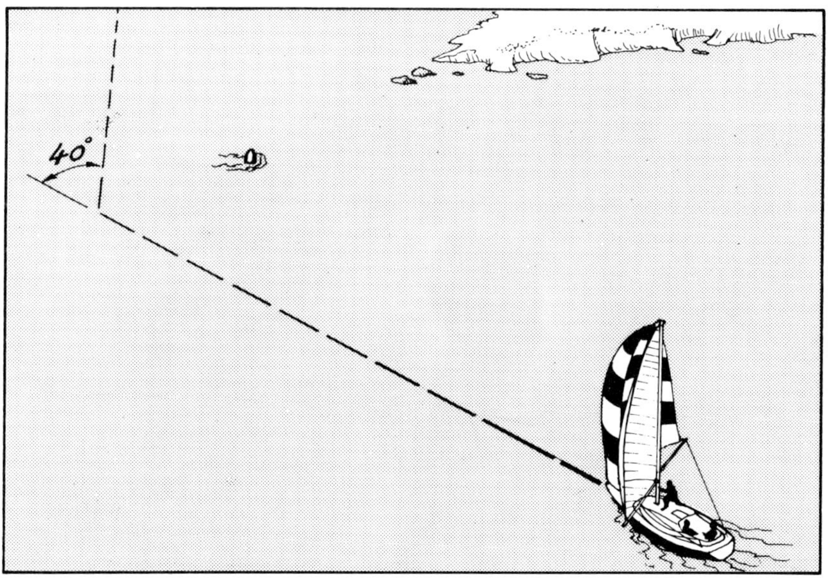

Die richtige Entscheidung 29

Ein unerfahrener Schipper (er würde sich selbst oder andere an Land würden ihn vielleicht fälschlicherweise einen „Draufgänger" nennen) wäre sicher mit der gleichen Besegelung auf den neuen Kurs gegangen, um sich erst später dann die gleiche Entscheidung vom Wetter aufzwingen zu lassen, die unser Schipper schon aufgrund seiner Erfahrungen vorher getroffen hat: Auf einem raum-achterlichen Kurs spüren wir bekanntlich nur ca. 80% der Geschwindigkeit des uns umgebenden Windes; oder anders: Wenn wir auf diesem Kurs eine Vollzeugbrise (Beaufort 4) an Bord fühlen oder messen, weht es um uns herum mit Beaufort 5. Die „optimale Fahrt" unseres Seekreuzers, der auf diesem Kurs eine Schwimmwasserlinie von ca. 8 m hat, zeigt uns auch, daß unser Windmotor mit Großsegel und Spinnaker oder ca. 130% seiner Amwindbesegelung sehr gut arbeitet, obwohl die weitgehend quer zur Windrichtung geschoteten Segel nur mit einem geringen Wirkungsgrad als Windfang arbeiten.

Bei einer Kursänderung um ca. 40° werden diese „Windfänger" jedoch wieder zu (weitgehend) optimal umströmten aerodynamischen Profilen; jeder Quadratmeter Segelfläche leistet also ca. 50% mehr als auf einem Vorwindkurs. Und auch der (relative) Segelwind an Bord muß bei einer Kursänderung durch Anluven zwangsläufig wachsen; erfahrungsgemäß auf 100 bis 110% der uns umgebenden atmosphärischen Windgeschwindigkeit, also Beaufort 5. Nun wächst die Windkraft aber nicht linear, sondern mit dem Quadrat ihrer Geschwindigkeit. Aus den 14 kn oder 7 m/sec Segelwind auf unserem Spinnakerkurs wird 7 x 7 oder ein Quadrat von 49, aus den 18 kn oder 9 m/sec auf dem neuen Raumschotkurs wird 9 x 9 oder ein Quadrat von 81. Zusammen mit dem höheren Wirkungsgrad leistet Ihr Segel auf dem neuen Kurs mehr als das Doppelte, und da Sie – wie uns die erreichte optimale Höchstgeschwindigkeit von ca. 6 kn zeigte – schon annähernd die Grenze unserer Rumpffahrt erreicht haben, müssen Sie die Segelfläche entsprechend der größeren Windenergie und des besseren Wirkungsgrades Ihrer Segel auf dem neuen Kurs reduzieren. Dieses Segelwechseln nimmt ein erfahrener Schipper (soweit es möglich ist) auf dem alten, ruhigeren und langsameren Kurs und unter dem (relativ) schwächeren Segelwind an Bord vor.

Der Schipper war also gut beraten, seine Gesamt-Segelfläche (I) mit dem 20-m²-Großsegel und dem 40-m-Spinnaker (also 60 m²) vor dem Runden der Tonne auf eine große Fock

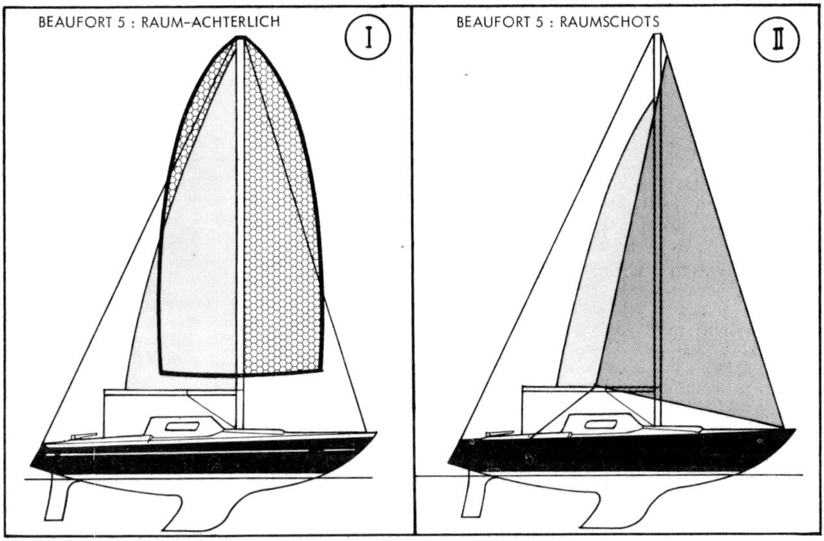

von ca. 20 m^2 und das gereffte Großsegel von ca. 16 m^2, (insgesamt also ca. 36 m^2) zu verkleinern (II). Er kann dazu mit seinen Erfahrungswerten arbeiten:

Raum-achterlicher Kurs: 130% Amwind-Besegelung für einen Segelwind an Bord, der 80% der (uns außen umgebenden) Windgeschwindigkeit beträgt.

Auf Raumschotskursen 100% der Amwind-Besegelung, weil der Segelwind an Bord hier 100 bis 110% des umgebenden atmosphärischen Windes beträgt.

Man kann sich auch der entsprechenden Tabellen bedienen[1], nach der auf diesem raum-achterlichen Kurs bei einem atmosphärischen Wind von Beaufort 5 nur 3 kp/m^2 Segelkraft, mithin also für nur 60 m^2 ca. 180 kp Gesamtkraft erzeugt werden. Mit seiner auf 35 m^2 verminderten Segelfläche auf Raumschotskursen und der dortigen Segelkraft von ca. 6 kp/m^2 bringt es das Boot auf 210 kp Gesamtkraft an seinen Segeln. Hätte der Schipper diese Segeländerung nicht angeordnet, müßte unser Seekreuzer bei seiner unverminderten Segelfläche von 60 m^2 und der vergrößerten Segelkraft von 6 kp/m^2 insgesamt 360 kp an seinen Segeln „verkraften" – genau das Doppelte der Kraft, die schon bisher so eine begeisternde optimale Fahrt schenkte. Das aber würde unweigerlich zu einem Fiasko führen, wie sich auch ein unerfahrener Fahrtenschipper ausmalen kann.

1) Segeltechnik – leicht gemacht, Abb. 66, Seite 79
2) Segeltechnik – leicht gemacht, Abb. 103, Seite 125

Die Lage

Der Wind ist eingeschlafen. Sie wollen vor Anker überliegen, solange es flau ist, und Ihre Fahrt unter Segeln erst fortsetzen, wenn es wieder aufbrist. Die Wetterlage ist sehr ausgeglichen, und es sind (vielleicht außer einem Landwind, wenn die Nacht hereinbricht) auch über längere Zeit keine wesentlichen Wetteränderungen zu erwarten. Sie können also Ihren Ankerplatz ohne Rücksicht auf den Wind auswählen. Es ist aber nur ein Handlot an Bord, und Sie können nicht größere Tiefen loten; das Wasser ist dunkel, so daß Sie auch nicht erkennen können, wie tief es ist.

Wo sollen Sie vor Anker gehen – auf dem Ankerplatz A hinter der flachen Küste der Huk oder auf dem Ankerplatz B hinter der Steilküste, weiter nach innen?

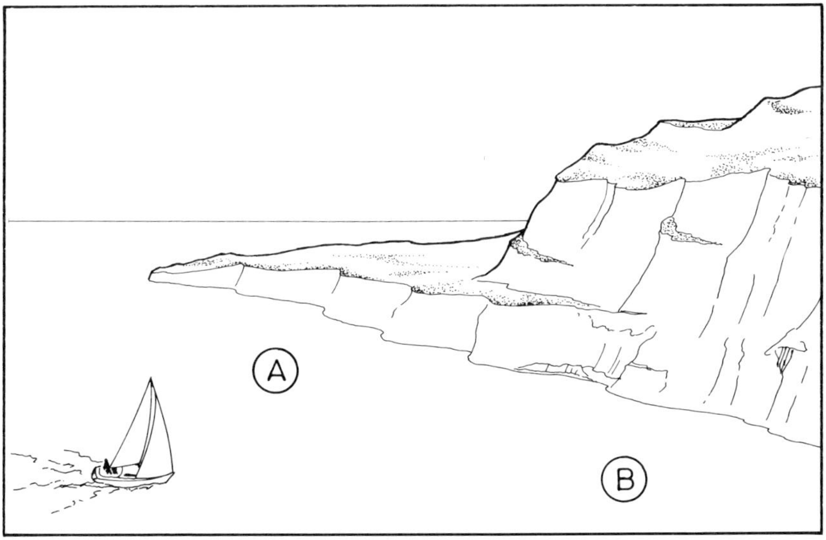

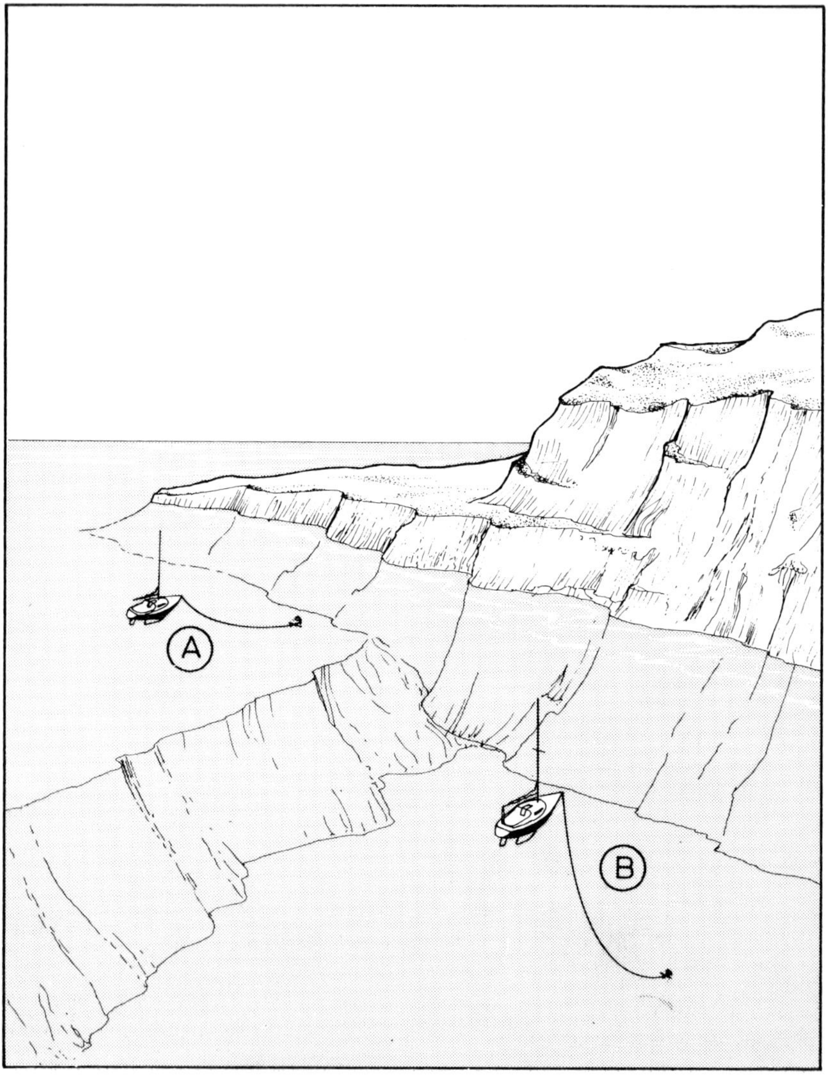
A
B

Die richtige Entscheidung 30

Die Küstenformation ist meistens auch ein Indiz für die Wassertiefe: Eine flache Küste geht langsam in tiefes Wasser über, unter einer Steilküste fällt die Tiefe in gleicher Weise ab, wie das Ufer hoch ist, und sie entwickelt sich mit ähnlichem Gefälle.
Am Ankerplatz A werden Sie also flaches Wasser vorfinden, das Sie mit dem Handlot ausloten und auf dem Sie auch mit einer begrenzten Ketten- oder Trossenlänge zu Wassertiefe werden ankern können.
Auf dem Ankerplatz B werden Sie mit dem Handlot große Tiefen messen, denen Sie zuerst kaum glauben könnten. Um hier jedoch die gleiche Sicherheit am Ankerplatz zu erhalten, müssen Sie ein Mehrfaches an Ankerkette fieren, um zum gleichen Sicherheitsfaktor im Verhältnis zur Wassertiefe zu kommen. Und auch die Mühen des Ankerlichtens sind dann beträchtlich größer.
Im Zweifelsfalle also auch ohne Berücksichtigung des Windes (vgl. Situation 40) beachten: Hinter einer flachen Küste flacher Ankergrund – und weniger Wind; hinter einem Hochufer tiefes Wasser – und gefährliche Fallböen.

Die Lage 31

Windstärke 5. Sie sind mit einem zwar nicht mehr neuen Seekreuzer unterwegs, aber haben zum ersten Mal die Sturmbesegelung gesetzt. Wie es manchmal so ist: Ausgelaufen und raumschots bei erträglichem wirksamen, relativem Wind eine Fahrt ins Blaue – und nun hart am Wind bei kräftigem bis bösem relativem Seglerwind zurück. Das gereffte Großsegel steht gut, aber die Sturmfock läßt sich nicht trimmen – irgendwie stimmen die Holepunkte der Fockschotleitösen für dieses kleine Segel nicht. Alle Versuche sind fehlgeschlagen, irgend einen improvisierten Holepunkt für die Fockschot weiter vorne anzubringen.

Gibt es noch eine andere Möglichkeit, dem Vorsegel seinen richtigen Stand zu geben?

Die richtige Entscheidung 31

Den gleichen Effekt wie die Verlagerung des Fockschotholepunktes in Längsschiffsrichtung hat der vertikale Abstand des Sturmfock-Halses vom Deck. Nehmen Sie einen Drahtstropp, eine kleine Kette oder eine Leine und setzen den Hals der Sturmfock so hoch über Deck, bis die Mittelnaht der Segelbahnen (an der man die richtige Zugrichtung der Fockschot im allgemeinen am besten grob erkennen kann) so hoch liegt, daß ihre Verlängerung genau zur Leitöse zeigt. Dann steht die Fock nicht nur aerodynamisch gut, weil Unter- und Achterliek gleichmäßig gestrafft sind, auch der Abstand des Vorsegel-Achterlieks zum Mast und damit zum Vorliek des Großsegels ist kleiner geworden; eine aerodynamisch günstige Beeinflussung beider Segel ist möglich – und nicht zuletzt ist auch der Segeldruckpunkt des Vorsegels näher an den Lateraldruckpunkt des Unterwasserschiffes gerückt, so daß eine mögliche und

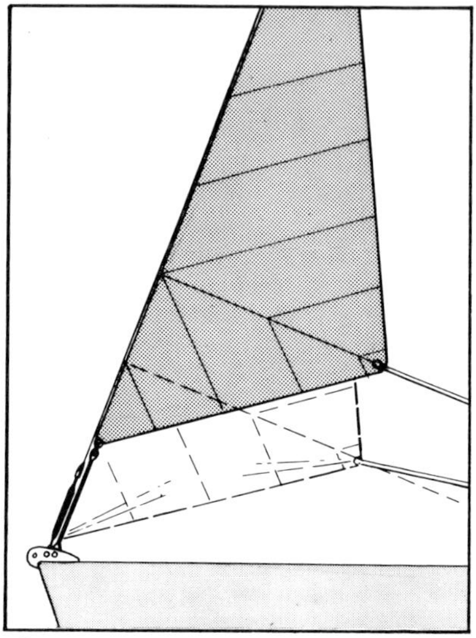

gefährliche Leegierigkeit durch die zu weit nach vorn gesetzte Fock wieder aufgehoben wird.

Die Lage 32

Sie gehören zur Besatzung eines Seekreuzers, der bei frischen südwestlichen Winden vor einem heranziehenden Tief einen Ankerplatz aufsucht. Auf dem Vorschiff haben Sie beide Anker klar gemacht: Analog zu den Schiffahrtsgebräuchen, daß die Steuerbordseite die vornehme Seite ist (und auch die wichtigere, weil der Schipper an Bord immer die Steuerbordkoje besitzt) haben Sie den Hauptanker an Steuerbord und den Reserveanker an Backbord klargemacht.

Der Schipper sieht es, und aus Ihnen unverständlichen Gründen besteht er darauf, daß Sie den Hauptanker nicht an Steuerbord ausbringen, sondern seine Trosse durch die Backbord-Lippe führen, den Reserveanker jedoch von Backbord nach Steuerbord legen, wo er vorerst liegenbleibt. Widerwillig gehorchen Sie und tüdeln das Ankergeschirr nach seinen Wünschen um.

Ein Ankermanöver hängt doch nur vom schnellen und sicheren Arbeiten beim Ankern und vom richtigen Verhältnis Wassertiefe zu Trossenlänge ab – oder hatte der Schipper andere, gewichtigere Gründe, den Hauptanker auf der Ihrer Meinung nach „falschen" Seite auszubringen und den Reserveanker zur späteren Verwendung auf die „vornehme" Seite zu legen?

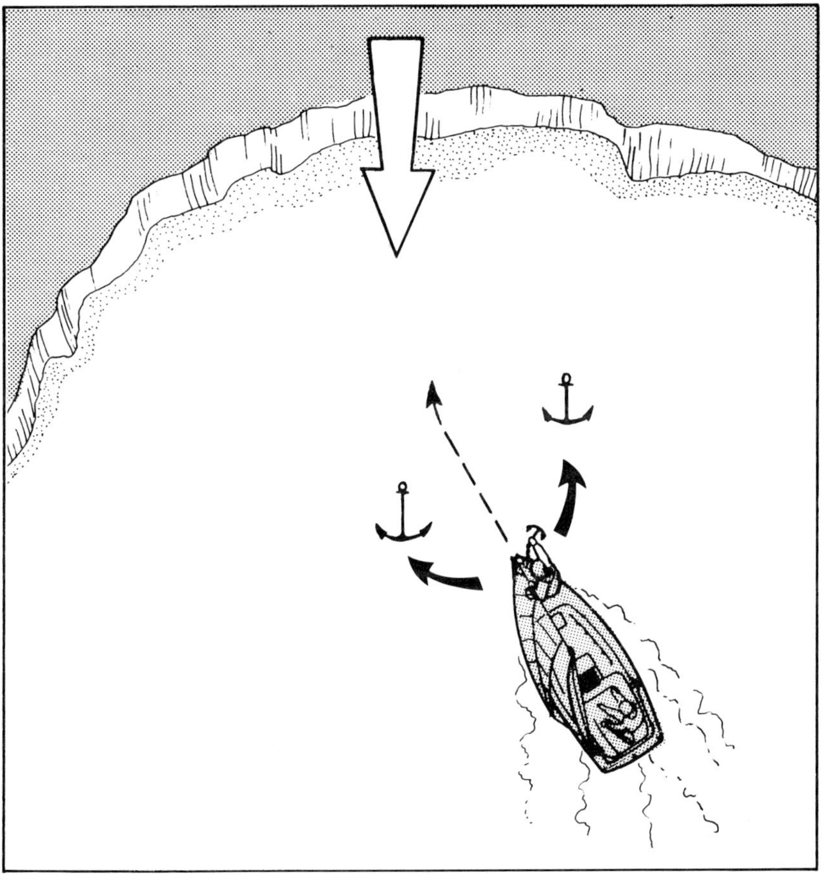

Die richtige Entscheidung 32

Solange man nur einen einzigen Anker an Bord hat, ist es sicher bedeutungslos, an welcher Seite des Vorschiffs dieser bleibt. Das wird einmal von der Segelstellung abhängen, mit der man zum Ankerplatz segelt: Hier liefen Sie über Backbordbug an, und da der Vorschotmann nur auf der Steuerbordseite des Vorschiffes arbeiten konnte, war es ganz selbstverständlich, daß er den Anker zuerst über die Steuerbordseite ins Wasser bringen wollte. Auch bei einer Winddrehung hätten sich keine Schwierigkeiten ergeben, und wenn die Haltekraft des einzigen Ankers bei großer Belastung nachgelassen hätte, wäre nur die Möglichkeit geblieben, entweder mehr Trosse zu stecken und/oder ein Ankergewicht als zusätzliche Sicherheit in Richtung auf den Anker zu fieren.

Wenn jedoch ein Seekreuzer (wie es empfehlenswert ist) einen (größeren) Hauptanker und einen (kleinen) Reserveanker besitzt, dann sollte man bei den rechtsdrehenden Winden eines nördlich durchziehenden Tiefs den Hauptanker mit seiner Ankertrosse über die Backbordseite führen. Sollte nämlich die Haltekraft unseres Hauptankers allein nicht ausreichen und wir zu irgendeiner Zeit gezwungen sein, auch noch den Reserveanker auszubringen, dann würden sich beide Ankerleinen kreuzen, falls vorher der Hauptanker über die Steuerbordseite des Vorschiffes in den Grund gegeben

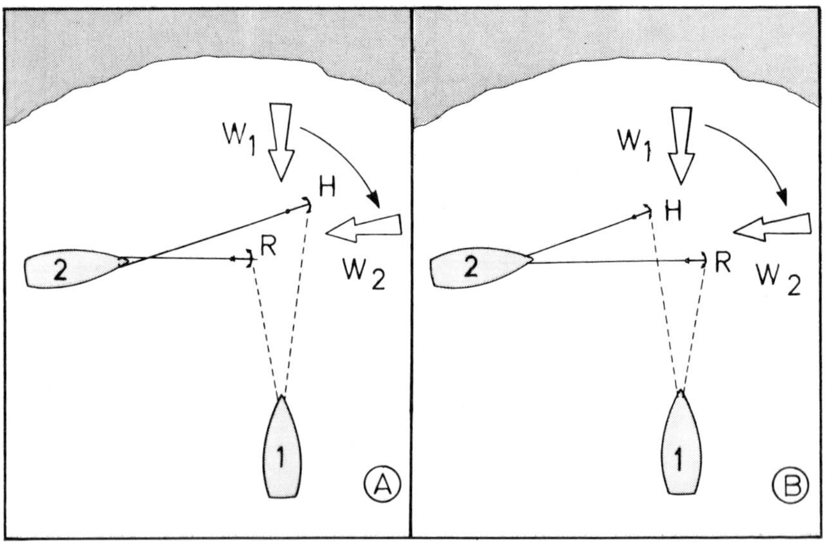

worden wäre. Kreuzende Ankerleinen sind gefährlich, und es ist immer schwer, die Trossen über Deck zu wechseln, wenn sie im Winddruck eines vorüberziehenden Tiefs sehr stark belastet sind.
Abb. A zeigt die Winddrehung von Südwest auf Nordwest und das Schwojen unseres Seekreuzers von Pos. 1 auf Pos. 2, wenn der Vorschotmann den Hauptanker an Steuerbord und später den Reserveanker an Backbord verankert hätte. Beide Leinen kreuzen sich bei dieser Winddrehung. Abb. B zeigt die sichere Verankerung in einer solchen Situation: Der Hauptanker liegt an Backbord, der Reserveanker bleibt an Steuerbord. Beim Schwojen von Pos. 1 auf Pos. 2 bleiben alle Ankerleinen voneinander frei, und die geringere Haltekraft des Reserveankers wird durch die längere Ankertrosse zu einer ähnlich sicheren Verankerung gemacht wie die kürzere Trosse an unserem größeren Hauptanker.

Die Lage 33

Die Arbeit am Mast und auf dem Vorschiff ist gar nicht so einfach, wie es sich manche Segler denken. Auch wer hilfsbereit und gutwillig nach vorn geht, um die Anordnungen auszuführen, die der Schipper von seinem Platz am Ruder erteilt, muß mit einem plötzlichen barschen Stopp seiner seemännischen Arbeit rechnen.
So geht es auch diesem Vorschotmann, der den Anker klargemacht hat und bereit ist, ihn über Bord zu geben. Schon hat der Schipper zum Ankern angedreht, und dabei ist er auf einen der Plichtsitze gestiegen, um das Vorschiff besser sehen zu können. „Halt!", ruft er plötzlich, als er den Vorschotmann so sieht. „Nicht ankern! Boot fällt ab zu einem neuen Anlauf!"
Was hat den Schipper zu dieser plötzlichen Sinnesänderung veranlaßt?

Die richtige Entscheidung 33

Der Vorschotmann hat die Ankerkette weit genug aus dem Kettenkasten geholt und richtig am Poller belegt. Aber er hat den Anker mit Kette nicht von unten durch den Bugkorb hindurchgenommen, als er ihn zum Werfen in die Hand nahm, sondern einfach von oben zum Fieren über den Bugkorb gehalten. Wenn jetzt der Anker fällt und die restliche Kette bzw. Trosse ausrauscht, bleibt sie immer über dem Bugkorb; es gibt keine Möglichkeit mehr, die mit einem Ende am Grund und mit dem anderen Ende im Kettenkasten befestigte Ankerleine bzw. -kette in die Lippklampe zu legen. Das Ankermanöver müßte in jedem Falle wiederholt werden.
Da handelte der Schipper richtig, sofort wieder abzufallen, neu anzulaufen und dem Vorschotmann vorher zu sagen, was er falsch gemacht hatte.

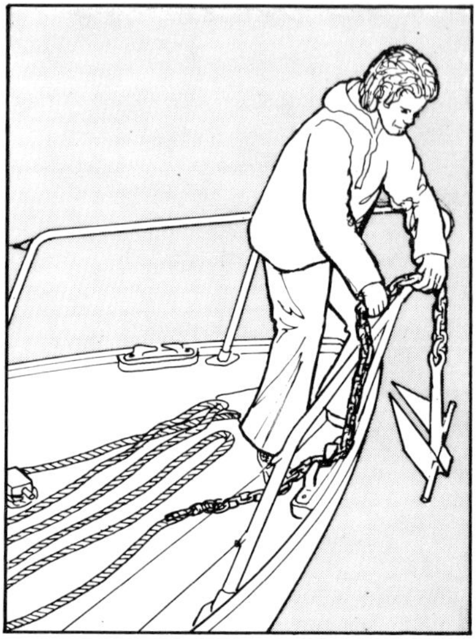

Die Lage 34

Auch Bordfrauen haben Nerven. So kann ihnen der schönste Ankerplatz vergällt werden, den wir (fast) nur für sie aufgesucht haben, damit das weibliche Schiffsvolk sich an Bord einmal ungestört sonnen und die Kinder vom Boot aus schwimmen und tauchen können. Aber das Boot selbst stört diesen Ankerfrieden. Es giert und schwojt am Ankerplatz, segelt weit zu einer Seite (bis in Pos. 3), bockt dann, ruckt wie ein Wildpferd an seiner Kette, segelt auf die andere Seite, um in Pos. 6 wiederum gestoppt zu werden und mit gleicher unkontrollierbarer Bewegung zurückzulaufen.

Das erträgt auch die nervenstärkste Crew nur eine begrenzte Zeit. Dann ist die Bordfrau mit ihrer Beherrschung am Ende. Sie bittet den Schipper zu ihrem Sonnenplatz:
„Guck dir doch die anderen Boote an", sagt die Bordfrau, „sie liegen ruhig! Lasche doch endlich die Pinne, damit auch unser Boot sich beruhigen kann."

Da ist für den Schipper guter Rat teuer – denn die Pinne ist bereits festgezurrt, und das Schwojen läßt trotzdem nicht nach.

Wie kann er den Bordfrieden wiederherstellen?

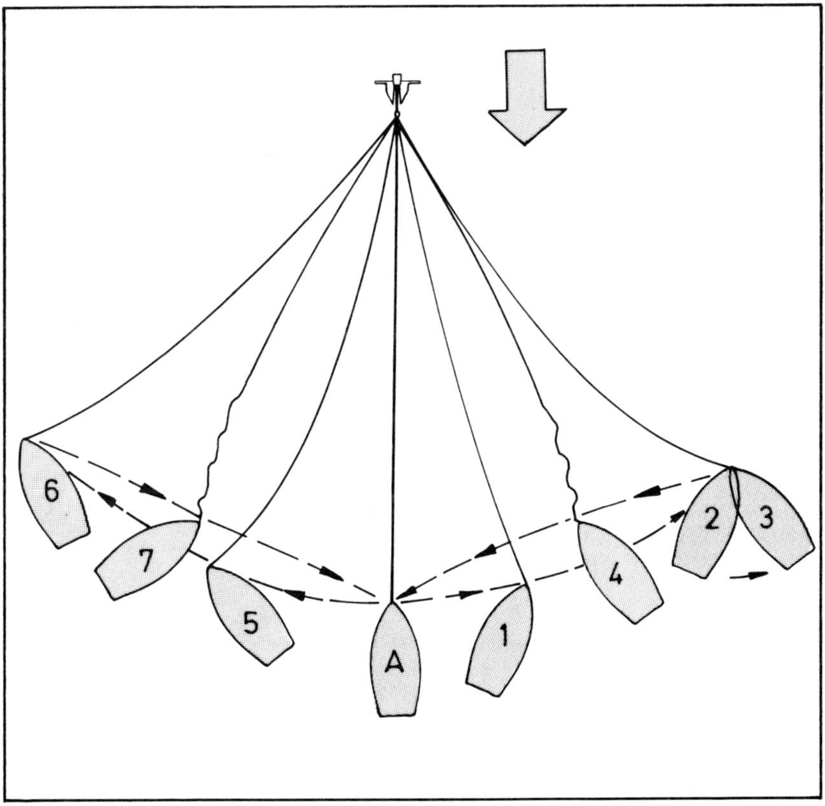

Die richtige Entscheidung **34**

Ankertrossen sind nun einmal leicht und schwimmen auf, wenn man vor einer langen Ankerverbindung liegt. Aber mit Hilfe eines Ankergewichtes läßt sich das Boot an die Kandare legen. Man fiert es (wenn man den Grund nicht sehen kann, mit Gefühl und Geschick) bis auf den Grund, so daß das Boot wie vor einer kurzstag gehievten Trosse liegt. Jetzt ist der Spielraum für Eskapaden begrenzt – sowohl in Längsschiffs- wie in Querschiffsrichtung. Wenn man die richtige Länge der Fangleine gewählt hat, hüpft jetzt nur das Ankergewicht in winzigen Sprüngen über den Meeresboden, unser Boot ist jedoch gezügelt, ohne daß die Sicherheit am Ankerplatz darunter leidet – ganz im Gegenteil.

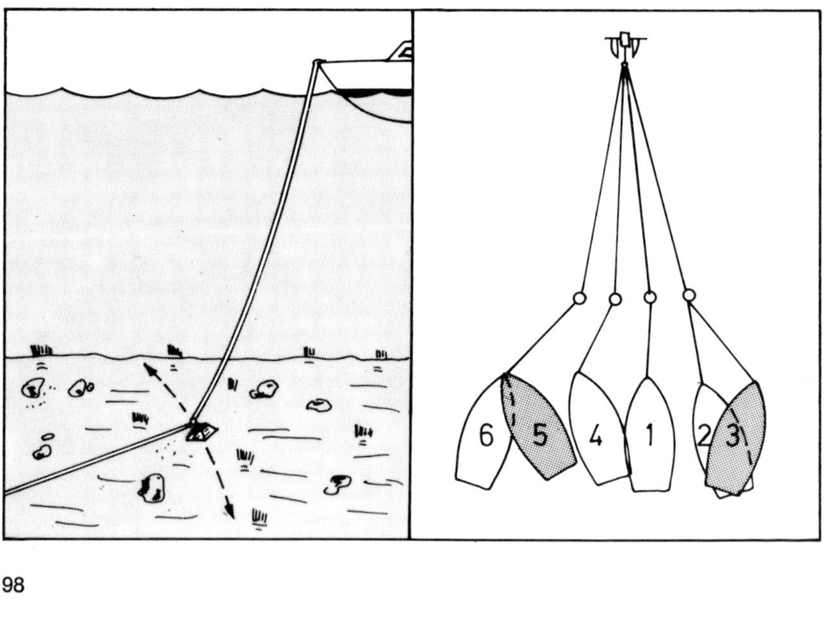

Die Lage **35**

Sie sind mit einem kleinen Seekreuzer unterwegs und sehen voraus ein kleines offenes Motorboot, das im Seegang einer Vollzeugbrise dümpelt. Sie ändern Ihren Kurs und segeln näher heran. Die Leute des anderen Bootes winken Sie heran, als sie Sie kommen sehen, und rufen:
„Wir sind manövrierunfähig. Können Sie uns einschleppen?"
„Mein Motor ist nicht betriebsklar", rufen Sie zurück. Dann Schweigen.
Überlegen auf beiden Seiten: Ihr Boot von 7,50 m Länge mit ca. 25 m² Segelfläche ist größer als der Havarist – aber ist damit ein Schleppen unter Segeln möglich?
Nach einigem Zögern sagen Sie: „Okay, ich will es versuchen."
Sie geben eine Leine hinüber und kommen bei halbem Wind auf einigermaßen ausreichende Fahrtgeschwindigkeit. Dann müssen Sie auf einen Amwindkurs gehen, bei dem es schon schwerer ist, Distanz nach Luv zu gewinnen. Aber auch dieser Kurs zahlt sich noch aus. Nur das Wenden will nicht klappen. Ihr Boot kommt nicht über Stag, wenn das fremde Boot am Heck hängt.
Vor Ihnen liegt eine Durchfahrt mit einer begrenzten Wasserfläche, wo man mehrfach und beim ersten Anlauf sicher über Stag gehen muß.

Was können Sie tun? Das fremde Boot treiben lassen – oder (vielleicht mit einem Trick) doch weiterkreuzen?

Die richtige Entscheidung 35

Checken Sie zuerst die Länge Ihrer Schleppleine: sie soll mindestens doppelt so lang sein wie die Länge des Bootes, das Sie abschleppen. Wenn Sie im Seegang schleppen, muß gegebenenfalls mehr Leine gesteckt werden; ihre Länge ist dann von der Wellenlänge abhängig. Befindet man sich mit seinem Boot auf einem Wellenberg, soll das geschleppte Boot auf dem folgenden Wellenberg liegen.

Um auch mit einem Boot im Schlepp beim Segeln wenden zu können, werden zwei seitliche Führungsleinen ca. eine halbe Bootslänge hinter dem Heck an die Schlepptrosse gesteckt und auf jeder Bootsseite bis zu den Wanten geführt. Wenn das Boot jetzt über Stag gehen soll, wird zusätzlich zur Ruderlage die Führungsleine der (bisherigen) Luvseite dichtgeholt und die Leine auf der Leeseite aufgefiert. So kann das Schleppboot sicher über Stag gehen, und der Schleppzug kann auch auf dem neuen Kurs ohne Fahrtverlust weiterlaufen, wenn der Rudergänger des geschleppten Bootes durch entsprechende Ruderlage sein eigenes Boot richtig mitdreht.

Die Führungsleinen werden einfach durch einen Stopperstek an der Schlepptrosse befestigt; im Zweifelsfalle steckt man (wenn man keinen Stopperstek schlagen kann) die Führungsleine mitten durch die Kardeele der (meist erheblich kräftigeren und daher dickeren) Schleppleine hindurch und sichert diese Verbindung (die ja im allgemeinen wenig belastet ist) mit einigen sich bekneifenden Rundtörns vor und hinter dieser Trennstelle.

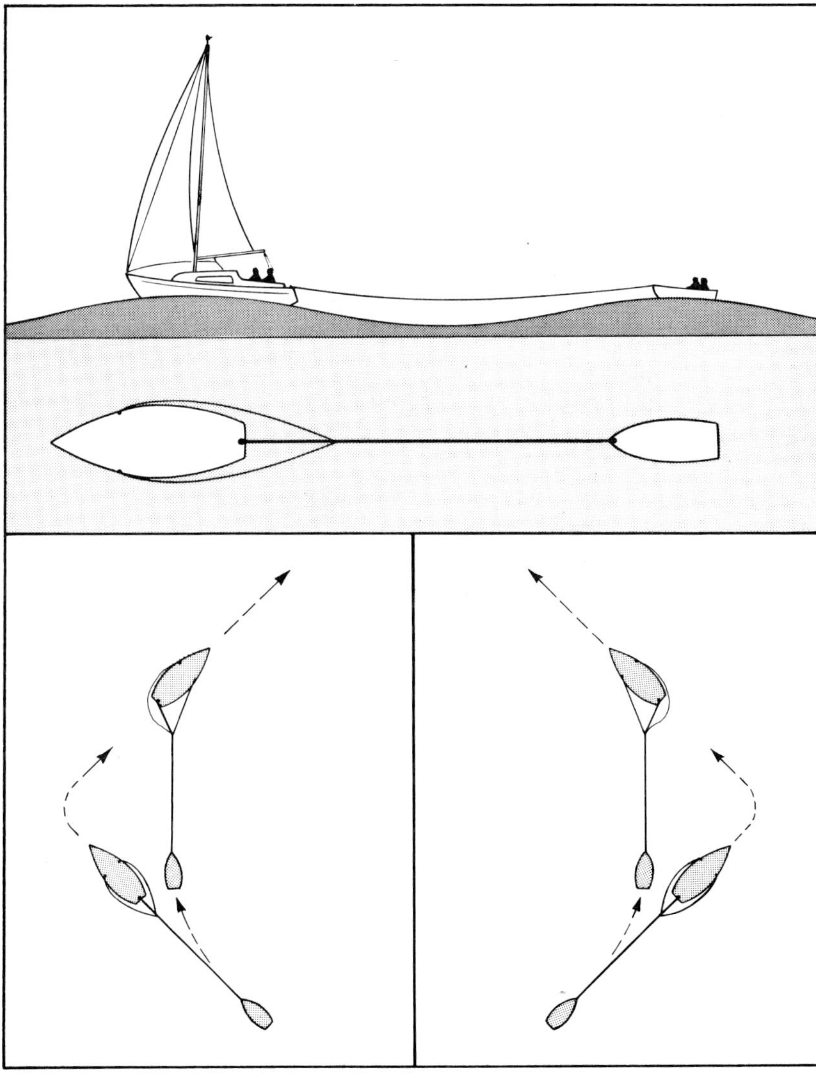

Die Lage **36**

Sie wollen eine Enge passieren, die eine ziemliche Länge hat. Das kann z. B. im Inselgewirr der dänischen Gewässer sein; auch ein unbekanntes Flußrevier stellt ein ähnliches Gebiet dar. Der Wind weht schräg von vorn in diese lange Durchfahrt hinein; das bedeutet, daß man zwar nicht einen geraden, durchlaufenden Kurs anliegen, aber mit einem langen und einem kurzen Bein aufkreuzen kann. Sie erwartet die übliche Grundformation zwischen zwei solchen Ufern, die nicht durch Tonnen oder Pricken gekennzeichnet ist: Sehr tief in der Mitte, langsam ansteigend, aber mit ausreichender Wassertiefe zu den Rändern des Fahrwassers, und flache Ufer mit weichem Grund.

Welchen Schlag wählen Sie: Das kurze Bein zum Luvufer und den langen Schlag am Luvufer entlang – oder den Kurs in der Nähe des Leeufers mit einem kurzen Schlag quer zur Fahrrinne und einem langen Schlag am Leeufer entlang? Sammeln Sie bitte alle (mehrere) Punkte, die Sie zu Ihrer Entscheidung veranlassen.

Die richtige Entscheidung 36

Kein Zweifel: Sie wählen den Kurs entlang des Luv-Ufers. Dazu gibt es tatsächlich viele Gründe:

1. Man wählt immer das Luv-Ufer, damit man – weil man notgedrungen auch außerhalb eines betonnten Fahrwassers mit Schiffsverkehr rechnen muß – den freien Wind ungehindert ausnutzen kann.

2. Der gefährlichere Schlag zum Ufer (vom Punkt A zum Punkt B) ist der Hole-Bug oder das „kurze Bein". Sollte man dabei auf Grund laufen, kommt es meistens nur zu einer kurzen Grundberührung am Vorschiff, und es ist leicht, das Boot entgegengesetzt zur Kursrichtung wieder zurückzuschieben (Schnitt I).

3. Auch wenn das Boot gekrängt war und beim Aufrichten nach dem Aufbrummen natürlich fester als erwartet sitzt, hilft der Wind immer mit, es wieder von dem flachen Ufer zurückzuschieben. Dazu genügt oftmals nur eine backgesetzte Fock. Auch wenn man den Fehler macht und die Schoten nicht auffiert, wenn der relative Wind (W_r) beim Aufbrummen ganz plötzlich in die Richtung und Stärke des atmosphärischen Windes (W_a) übergeht, hat dieses nur geringen nachteiligen Einfluß.

4. Der Kurs von B nach C, der Streckbug oder das „lange Bein" am Luvufer entlang ist immer sicher. Wenn Sie in B genug Wasser hatten, werden Sie auch in C sicher ankommen. Selbst eine dazwischenliegende (flachere) Stelle werden Sie wahrscheinlich ohne Schwierigkeiten übersegeln, weil Ihr (auf Amwindkurs) etwas krängendes Boot mit seinem geringeren Tiefgang auch flachere Gründe als beim Wendepunkt in B übersegelt.

5. Demgegenüber nutzen Sie bei einem kurzen Bein am Lee-Ufer von X nach Y nur einen Teil des möglichen Fahrwassers aus und bleiben beim langen Schlag am Lee-Ufer in einer möglichen Abdeckung durch andere Fahrzeuge, die die Mitte der Einfahrt zum Passieren benutzen.

6. Auf dem langen Bein von Y nach Z laufen Sie schräg in die Untiefe hinein. Wenn Sie aufbrummen, dann sitzen Sie mit dem ganzen Kiel, und Sie laufen erst relativ spät auf, weil Sie das ansteigende Bodenbett schräg bzw. diagonal erreichen (Schnitt II).

7. Wenn Sie jedoch aufgebrummt sind, dann stippt das sich aufrichtende und vorher gekrängt segelnde Boot erst recht tief in den Sand hinein, und der vom relativen Wind (Wr) abgelöste atmosphärische Wind (Wa) weht kräftig von querab. Er hält Ihr Boot auf dieser gefährlichen Leeseite und drückt Sie noch weiter auf das Ufer, wenn Sie die Schoten nicht sofort voll auffieren.

8. Das Loskommen mit Bootshaken allein wird in dieser Situation sehr schwierig sein; denn der Bug läßt sich nicht in und durch den Wind bringen. Der meistens tiefere Achterkiel wühlt sich dabei immer kräftiger in den Boden hinein. Das Ausbringen des Ankers aber ist ungünstig; wer kein Beiboot hat, kann den Anker nur ein kurzes Stück auf dem Wege in tiefes Wasser schleppen; dann ist es aus. Wer ein Beiboot hat, kann seinen Anker ausfahren – aber er benötigt dazu viel Leine, weil sich das gewünschte Ver-

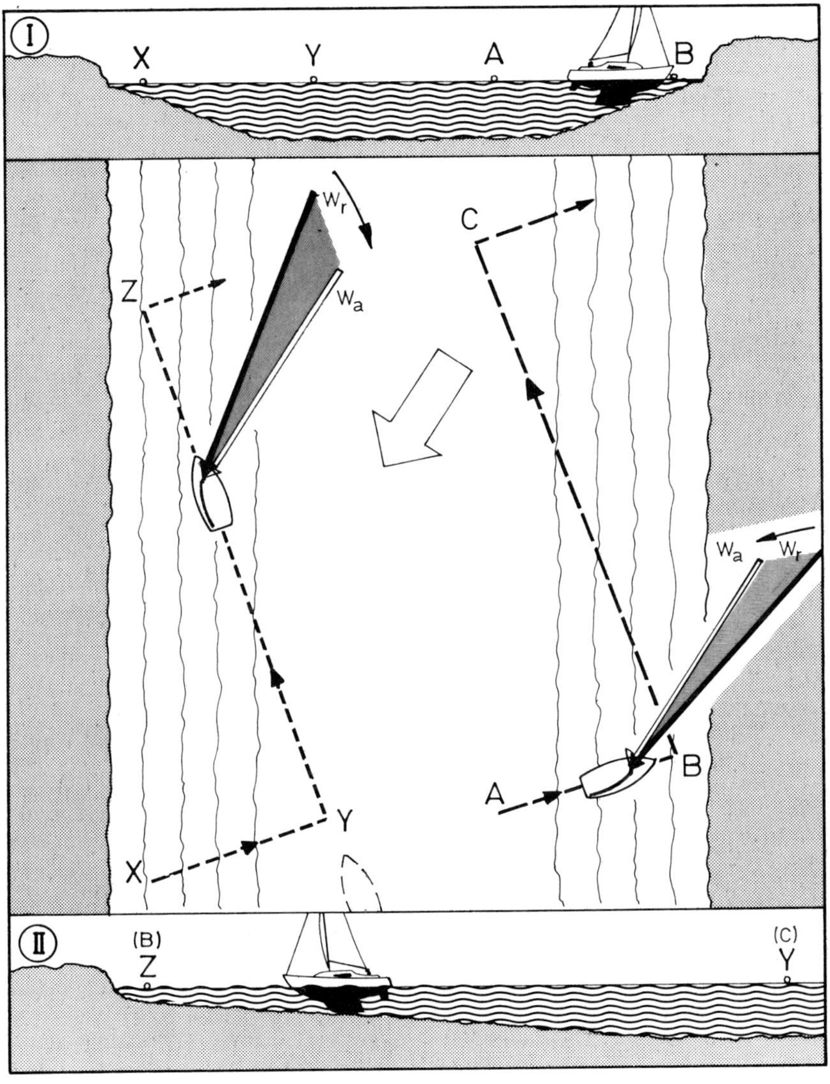
I
X
Y
A
B
Wr
C
Z
Wa
Wa
Wr
B
A
Y
X
II
(B)
Z
(C)
Y

hältnis Leinenlänge zu Wassertiefe immer auf die wesentlich ungünstigere Position des tiefen Ankers im Verhältnis zum flach liegenden Boot bezieht.
9. Das lange Bein am Leeufer entlang – von Y nach Z – ist nur empfehlenswert, wenn man mit dem Handlot arbeitet, um sich (in unbekannten Gewässern und ohne Karte) hindurchzuloten. Man benötigt ca. 30 Sekunden, um die Lotleine wieder aufzuschießen. Diese Zeit ist auf dem „kurzen Bein" von A nach B zu kurz, um eine steile Stufe sicher auszuloten (Schnitt I). Aber bei einer langen, langsam steigenden Schwelle (Schnitt II) gibt das Handlot bessere Tiefen-Warnungen.

Die Lage **37**

Sie sind mit Kind und Kegel auf einem Seekreuzer unterwegs und fühlen sich wie ein Entdecker: Nicht weit von Ihnen liegt eine offensichtlich leere Bucht mit überall gleicher Küstenformation, aber unterschiedlichen Wassertiefen und vielfältiger Grundbeschaffenheit. Hier wollen Sie bleiben, damit die Kinder baden und fischen, schwimmen und tauchen können, und Sie selbst wollen notwendige Reparaturen an Ihrem Boot verrichten, zu denen Sie einige Tage Zeit brauchen. Eine stabile Westwind-Wetterlage ist vorausgesagt; die Winde sollen nur von Süd über West nach Nord und wieder zurückdrehen.
Sie schicken Ihren Jungen an die Karte und bitten ihn, alle Punkte zu benennen, die als Ankerplatz in Frage kommen können. Er tut dies und zeichnet sie Ihnen von A bis M auf Ihrer Karte ein. Stolz erklärt er Ihnen: „Von A bis E ankern wir bei Westwind, von E bis H bei Nordwind und von I bis M bei südlichen Winden. Ist das in Ordnung, Vati?"
Sie schütteln Ihr Haupt und sagen Ihrem Junior, der ein so stolzer „Optimist"-Kapitän ist: „So einfach geht das nicht!" Und dann setzen Sie zu einer längeren Rede an, in der die Positionen A bis M im einzelnen betrachtet werden.

Was würden Sie Ihrem Moses erklären? Nennen Sie ihm Ihre Ankerwahl bei West-, Nord- und Südwinden und begründen Sie sie! Bewerten Sie die anderen Ankerplätze mit Noten aus der Schulzeit, zumindest mit „gut" oder „geeignet", „schlecht" oder „unmöglich" bzw. „mittelmäßig" oder „noch ausreichend", oder geben Sie die Sicherheit mit 100%, 75%, 50% und 25% an.

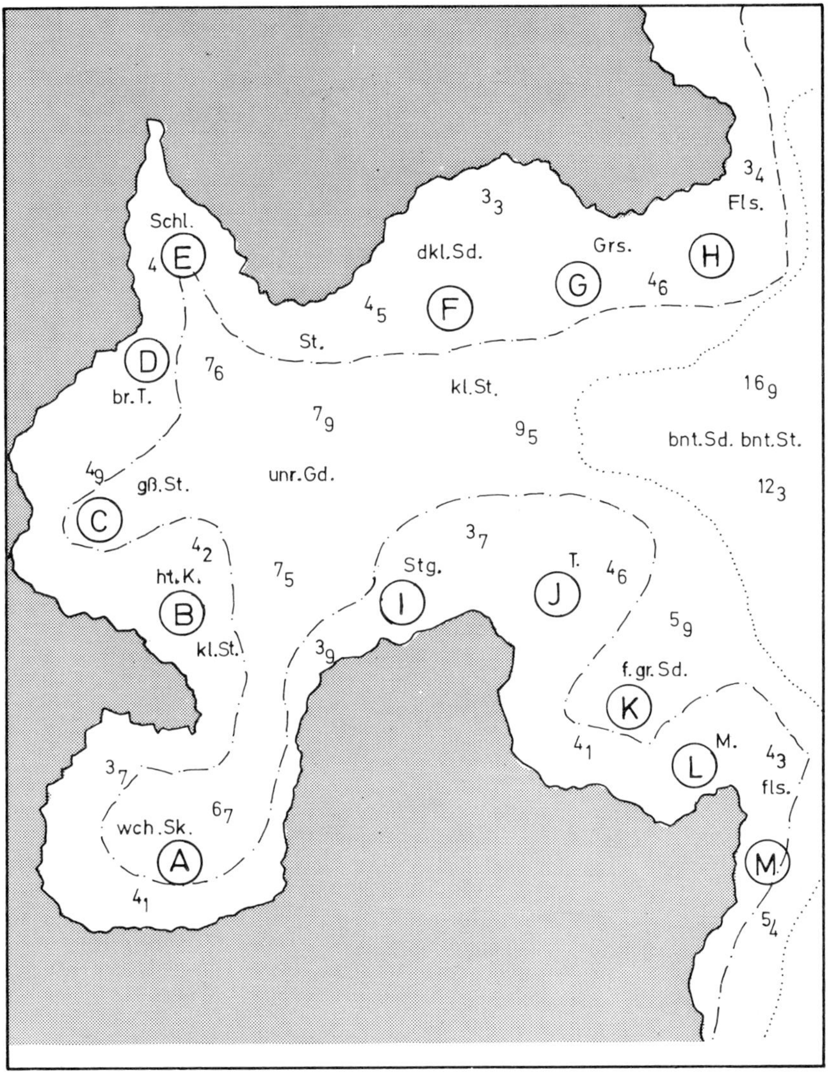
Schl.
E
4
D
br.T.
7_6
St.
3_3
dkl.Sd.
4_5
F
Grs.
G
4_6
H
3_4
Fls.
kl.St.
7_9
9_5
16_9
bnt.Sd. bnt.St.
12_3
4_9
gß.St.
unr.Gd.
C
4_2
ht.K.
B
kl.St.
7_5
3_7
Stg.
I
T.
J
4_6
5_9
3_9
f. gr. Sd.
K
4_1
M.
L
4_3
fls.
M
5_4
3_7
6_7
wch. Sk.
A
4_1

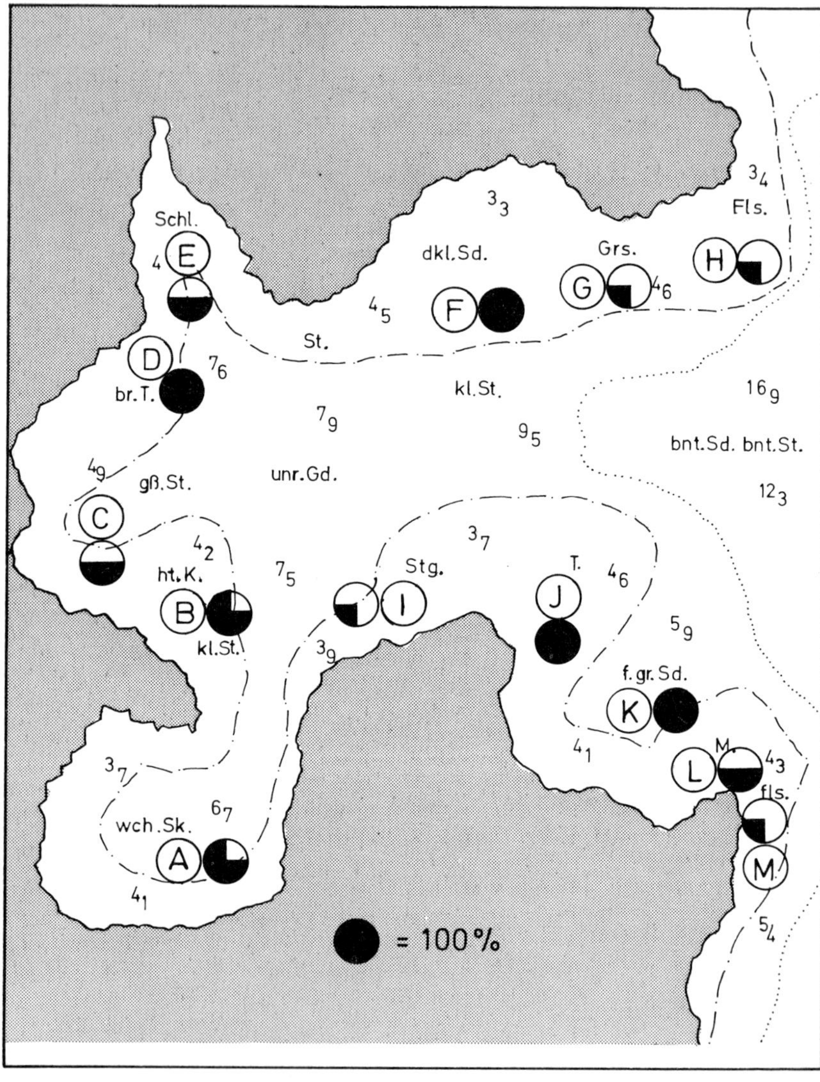

Schl.
E
4
3_3
dkl.Sd.
Grs.
3_4
Fls.
H
G
4_6
4_5
F
St.
D
7_6
br.T.
kl.St.
16_9
7_9
9_5
bnt.Sd. bnt.St.
4_9
gß.St.
unr.Gd.
12_3
C
3_7
4_2
T.
4_6
ht.K.
7_5
Stg.
B
I
J
5_9
kl.St.
3_9
f.gr.Sd.
K
4_1
M.
3_7
L
4_3
fls.
6_7
wch.Sk.
A
M.
4_1
5_4
= 100%

Die richtige Entscheidung 37

Nicht nur die schützende Küste und die richtige Wassertiefe, sondern auch die Grundbeschaffenheit bedingen den richtigen Ankergrund. Bei Westwinden liegt der günstigste Ankerplatz bei D: Er verdient das Prädikat „sehr gut“ (100% Sicherheit), denn die Bezeichnung „brT“ bedeutet „brauner Ton“ oder „Lehm“, den man im allgemeinen als den besten Haftgrund für den Anker ansieht: Weich, feucht und fein. Auch ein leichter Anker kann sich tief eingraben; die weiche Zusammensetzung des Erdreichs hält ihn wie mit tausend Saugnäpfen auch bei großem Ankerwinkel fest.

„Knapp ausreichend“ (75% ist die Sicherheit am Ankerplatz B mit „hartem Kies“ auf der einen und „kleinen Steinen“ auf der anderen Seite. Der Grund ist härter und für einen kleinen, leichten Anker nicht so griffig wie Lehm oder Ton. Das gleiche Prädikat erhält auch der Platz A mit „weichem Schlick“, während der Platz C mit „großen Steinen“ ungeeignet ist (nur 50% Sicherheit), weil er unserem Anker keinen ausreichenden Haftgrund bietet.

Bei nördlichem Wind kommt nur der Ankerplatz F mit „dunklem Sand“ in Frage (100%). Aber dieser Grund kann nur das Prädikat „gut“ erhalten; Lehm und Ton sind zwar besser, aber bei nördlichen Winden nicht erreichbar. Alle anderen möglichen Ankerpositionen sind nicht diskutabel: Bei E besteht der Grund aus „Schlamm“ (50%), bei G aus „Seegras und Schlingpflanzen“ (25%), und bei H aus „Felsen“ (25%), die besonders häufig an einer seewärtigen Landspitze einer Bucht auftreten.

Bei südlichen Winden liegt der beste Ankergrund mit „Ton“ (100%) zwar bei J, aber besonders bei ost-südöstlichen Winden ist die schützende Distanz zur Küste schon zu groß. Da ist der Ankerplatz K mit „feinem grauen Sand“ zwar nicht durch seinen besten Haftgrund (er erhält nur das Prädikat „gut“), aber durch seine günstigere Lage mehr empfehlenswert (100%). Undiskutabel auch hier die Position I mit „Seetang“ (25%), die Position L mit „Muscheln“ (50%) und die Position M an der seewärtigen Öffnung dieser Bucht mit „felsigem Grund“ (25%), auf der anderen Seite.

Die Lage

38

Sie sind mit Ihrem Seekreuzer aufgebrummt und hatten das Glück, daß ein vorbeifahrendes Motorboot seinen Kurs geändert hat, um Ihnen zu helfen. Auch die Schleppleine haben Sie geschickt und wirkungsvoll an Ihrem festgekommenen Boot befestigt: In Höhe der Saling um den Mast und dann unter dem Kiel hindurch zum Motorboot, so daß ein krängender Effekt über den Mast und eine Hebewirkung entlang der Kielpartien beim Steifkommen der Leine durch das Anschleppen des Motorbootes gleichermaßen eintreten könnten. Aber nichts rührt sich, so oft und wie auch immer das Motorboot versucht, sich voll ins Zeug zu legen. Die Kraft des Motors reicht offenbar nicht aus, oder Sie sitzen zu hoch und trocken, um mit Hilfe dieses schwachen Schleppbootes wieder tiefes Wasser zu erreichen.

Aber die Zeit drängt; Sie liegen auf Legerwall, und der Wind frischt auf. Ein anderer, vielleicht stärkerer Helfer ist nicht in Sicht. Wie kann man sich so schnell wie möglich und dazu noch wirksam helfen?

Die richtige Entscheidung 38

Man kann – wenn dazu nur ein ausreichend kräftiger Block mit einer Scheibe oder auch mit mehreren Rollen zur Verfügung steht – die Kraft des Motorbootes verdoppeln (oder sogar vervielfachen): Dazu steckt die Crew des Motorbootes diesen Block an den Tampen der dicken Seekreuzer-Schleppleine und zieht die eigene Ankerleine durch diesen Block hindurch. Dann bringt das Motorboot seinen Anker mit Boje und Trippleine, so weit es seine Trossenlänge erlaubt, in tiefem Wasser aus und setzt dann seine Schleppbemühungen über diese so geschorene einfache Talje fort. Mit einem einscheibigen Block leistet jetzt das kleine Motorboot das Doppelte – vorausgesetzt, der Anker hat sich gut in den Grund gegraben und besitzt hier die nötige Haltekraft für einen Zweikampf mit dem (halben) Gewicht des Seekreuzers. Reicht sie nicht aus, kann man auch zwei verkattete Anker hintereinanderlegen, d. h. die vom Motorboot und Seekreuzer entnommenen Sturmanker, die miteinander durch einen kurzen Kettenvorlauf verbunden im Grund liegen, als „feste Part" der Schlepptalje benutzen.

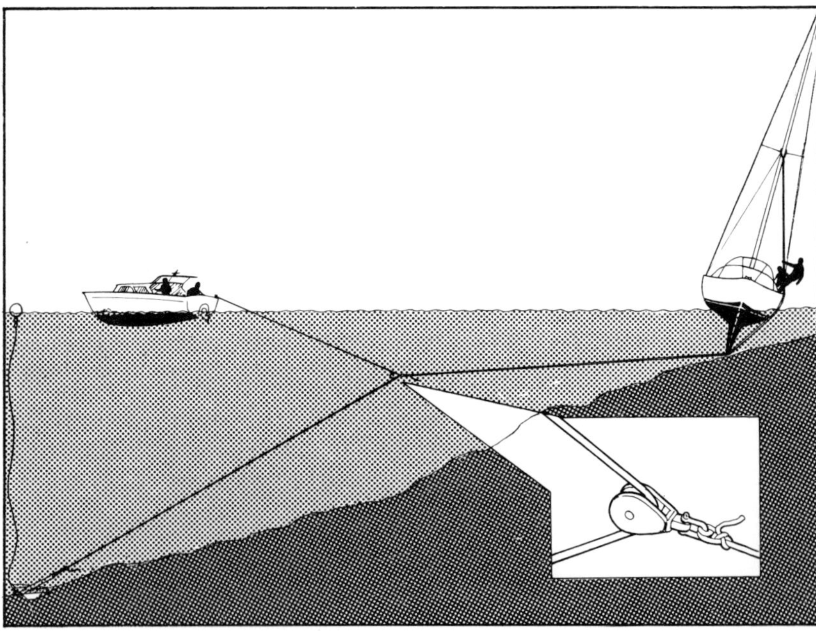

Niemand weiß, wann er in eine solche Situation kommt; im allgemeinen sind nur Blöcke an Bord eines Seekreuzers, die für das laufende Gut der Fallen und Schoten passen. Sie sind für diesen Zweck zu klein. Aber es zahlt sich aus, wenn man einen großen und kräftigen (Metall-)Block für den Havariefall mit an Bord hat, durch den man auch so starkes Tauwerk wie die Ankertrosse scheren kann.

Die Lage **39**

Sie laufen mit Ihrem Seekreuzer in einem fremden Hafen ein, in dem alle Boote an Pfählen bzw. Bojen mit Bug- und Heckleinen festgemacht sind. Ein Liegeplatz ist nicht zu finden, und da die meisten Boote paarweise zwischen den Pfählen liegen, entschließen Sie sich, an einem Einzellieger zwischen zwei Bojen festzumachen. Ein Klubboot nimmt Ihre Crew und Sie von Bord, nachdem Sie Ihr kleineres Boot an dem größeren ordnungsgemäß mit Vor- und Achterleine, Vor- und achterer Spring sowie allen Ihren Fendern festgemacht haben – Bug neben Bug und Heck neben Heck.

Sie lassen Ihr Boot mit dem Gefühl zurück, doch ein tüchtiger Schipper zu sein. Sind Sie es wirklich?

Die richtige Entscheidung 39

Nein! Sie haben noch wenig Erfahrung, wie man in fremden Häfen an fremden Booten festmacht.

Zuerst: Die Masten beider Boote liegen auf gleicher Höhe. Wenn jetzt andere (Motor-)Boote vorbeifahren und beide Boote im Wellengang dümpeln, dann schlagen die Masten gegeneinander. Die Spieren verhaken sich in den Wanten, die Salingen berühren sich und brechen. Also: Wenn schon längsseits, dann Ihren Bug zum Heck des anderen Bootes und umgekehrt – oder, wenn die Vorschiffe in gleicher Richtung liegen bleiben müssen, durch seitliches Verholen Ihres Bootes einen größeren Längsabstand beider Masten wählen.

Weiter: Es ist unseemännisch und unfair, sich an die Leinen eines anderen Bootes anzuhängen. Sicher hat der Eigner des anderen Bootes die Stärke seiner Vor- und Achterleinen so gewählt, daß sie die Belastung seines eigenen Bootes sicher aushalten. An die zusätzliche Belastung Ihres Bootes aber hat er nicht gedacht. Wenn Sie schon längsseit eines anderen Bootes zwischen Bojen oder Pfählen festmachen, dann müssen Sie Ihre eigene Vorleine zu dem einen und die eigene Achterleine zu dem anderen Pfahle scheren. Jetzt ist kein Geschirr überlastet; jeder sorgt für sich allein. (Wir setzen dabei voraus, daß jedes Bojengeschirr für zwei Boote ausgelegt ist;

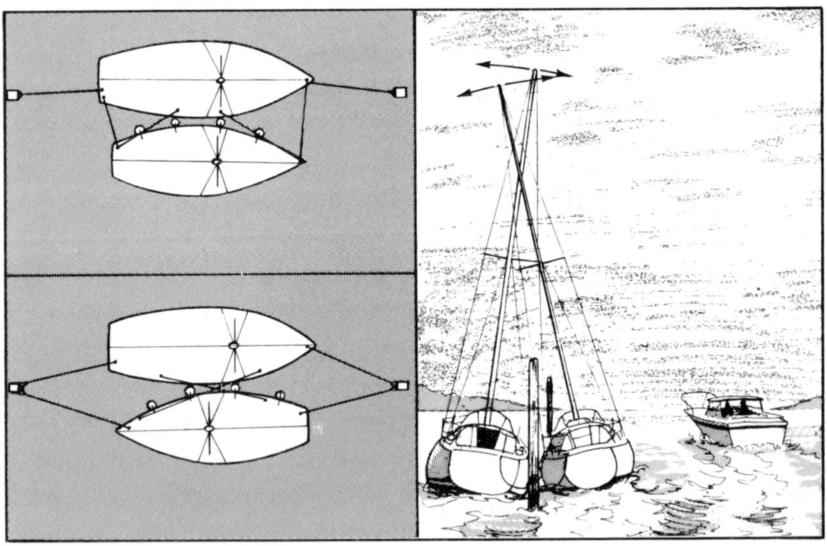

denn auch die anderen Bojenlieger haben ja paarweise festgemacht).
Die Quer- bzw. Spring-Leinen können Sie an ihrem Platze lassen. Sie verhindern wirkungsvoll, daß das Päckchen eng verbunden bleibt – aber nicht sie allein halten nun die Belastung des Liegeplatzes, sondern haben nur zweitrangige Bedeutung.

Die Lage **40**

Ein Sturmtief hat Sie unterwegs überrascht, und Sie suchen einen sicheren Ankerplatz, wie man ihn z. B. in den dänischen Gewässern (an der Insel Moen) für jede westliche Windrichtung mit unterschiedlichen Küstenformationen findet. Zwei Ankerplätze bieten sich an, auf denen Sie gleichguten Ankergrund vorfinden: Entweder mehr nach See zu hinter einem flachen Teil der Huk, wo das Ufer nur ungefähr haushoch ist (A), oder weiter nach innen (B) hinter einer hohen Steilküste.

Welchen der beiden Ankerplätze wählen Sie? Erklären Sie bitte auch Ihrer Crew, aus welchen Gründen Sie sich für den einen und gegen den anderen entscheiden könnten.

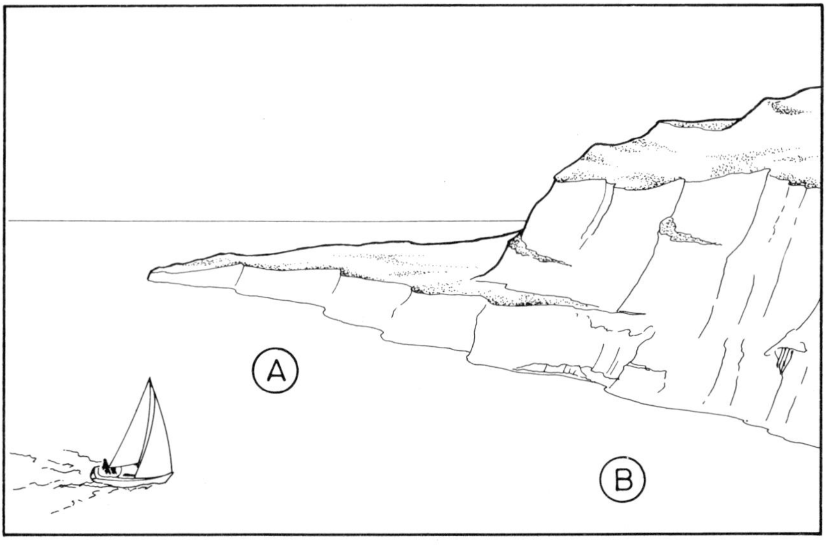

Die richtige Entscheidung 40

Mit dem Wind müssen Sie fertig werden – so oder so. Aber über dem flachen Ufer haben Sie es weitgehend nur mit dem Bodenwind zu tun, der zwar über die Huk springt, aber in dieser Grenzschicht zwischen Land und Wasser beträchtlich gebremst wird. Sie liegen bei A also weniger im Wind oder zumindest in einem sowohl in Richtung wie in Stärke stetigen Wind; natürlich müssen Sie so weit unter Land gehen, daß Sie der Schwell, der um die Huk auf Ihren Ankerplatz laufen könnte, nicht stört. Aber Sie können unbedenklich so dicht an das Ufer laufen, wie es die Wassertiefe zuläßt.

Am Ankerplatz B hingegen liegt zwar ein übermäßig hoher Schutzwall vor Ihnen, aber die Böen des viel kräftigeren Höhenwindes wehen mit Vehemenz auch in vertikaler Richtung, und Sie werden sie nicht nur von der Landseite spüren, wenn Sie dicht unter dem Ufer ankern, sondern werden auch im Bereich der unsympathischen Leewirbel liegen, die über der Wasserfläche entgegen der Hauptwindrichtung von See aus zurücklaufen. Ihr Boot wird dabei am Ankerplatz schwojen, und Sie werden unter dem Hochufer nicht den gleichen Schutz in schwerem Wetter haben wie hinter der flacheren Küste.

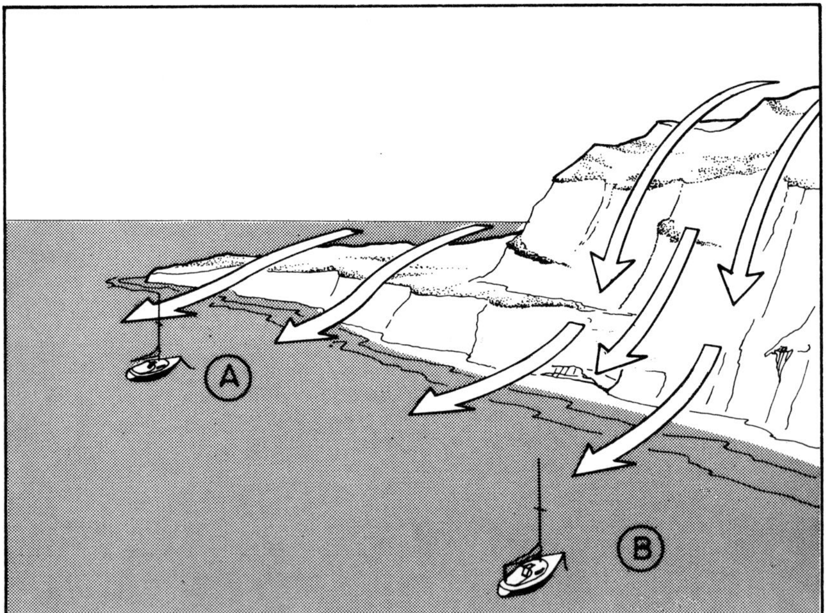

Die Lage **41**

Die schöne und schnelle Fahrt entlang der langen luvseitigen Steilküste mit ablandigem Wind und ruhiger See neigt sich ihrem Ende zu. Im Logbuch hatte der Schipper vor wenigen Minuten vermerkt: Windstärke Bft. 4–5. Das Boot trägt Vollzeug und sein größtes Vorsegel, den Reacher (es hätte auch Spinnaker oder die größte Fock vertragen; aber das neue Raumschots-Segel sollte eingeweiht werden.) Der neue Kurs wird eine Kreuzstrecke sein, durch eine sich seewärtig ausweitende Enge, die durch eine ungefähr in Windrichtung verlaufende und nicht minder hohe Küste auf beiden Seiten begrenzt ist.

Der Schipper purrt die Crew aus ihrer Freiwache und sagt: „Auf dem neuen Kurs müssen wir mehr an unsere Sicherheit denken! Nun sputet euch einmal, wir müssen noch die Segelführung ändern."

Der Junior ist sehr hilfsbereit. Er steht schon auf dem Sprung zum Vorschiff und sagt: „Das schaffe ich schon allein, Vati, den Reacher gegen die große Fock auszuwechseln."

Was sagen Sie dazu? Ist das auch Ihre Segelwahl für den Kreuzkurs durch die Enge?

Die richtige Entscheidung 41

Ich hoffe, nein: Denn Sie nutzten mit Ihrem Boot auf Ihrem Kurs hinter der Luvküste nur einen Teil der tatsächlichen atmosphärischen Windgeschwindigkeit von Beaufort 5 oder 18 kn aus; kalkulieren wir in diesem Abdeckungsbereich mit einer atmosphärischen Windgeschwindigkeit von 15 kn (Pos. I), die ungefähr der Logbucheintragung des Schippers entspricht. Auf diesem Raumschotkurs verminderte sich noch durch den Fahrtwind Ihrer schnellen Bootsgeschwindigkeit von 5 kn der wirksame relative Segelwind an Bord auf 13,5 kn, so daß Sie über diese Abdeckung hinaus das Gefühl eines noch flaueren Windes an Bord hatten; der Junior beweist dies deutlich mit seiner subjektiven Einschätzung der Lage.

Da Großsegel und (großes) Vorsegel richtig getrimmt waren, konnten sie als wirksame aerodynamische Profile optimal arbeiten, und sie erreichten trotz einer nicht begeisternd großen Segelkraft von 4,8 kp/m² durch die weit aufgefierten Schoten doch eine relativ schnelle Fahrt.

Nach Ihrer Kursänderung und dem Anluven ändert sich vieles: In diesem Seegebiet einer Enge, in dem der Windstrom, wenn er der Küstenformation des Hochufers folgt, mehr gebündelt wird, erhöht sich die Geschwindigkeit des atmosphärischen Windes nicht nur auf die normale Windgeschwindigkeit in diesem Küstenbereich von Beaufort 5 oder 18 kn (ohne die bisherige Abdeckung), sondern (durch den Düseneffekt) auf eine noch schnellere Luftgeschwindigkeit von (sagen wir) ca. 21 kn (Pos. II). Das ist ein deutlicher Anstieg, und da die Windkraft mit dem Quadrat der Windgeschwindigkeit wächst, ist die Wind**wirkung** beträchtlich größer als die Wind**geschwindigkeit.**

Durch die Kursänderung ändert sich aber auch das ganze Kräfteparallelogramm des Windes: Selbst wenn Ihr Boot mit einer Geschwindigkeit von nur 4,5 kn aufkreuzt, vergrößert sich die Geschwindigkeit des wirksamen Segelwindes an Bord dabei auf 24 kn; verglichen mit dem Segelwind, den Sie auf Raumschotskursen mit 13 kn an Bord fühlten, also fast das Doppelte. Durch das Wachsen der Windkraft mit dem Quadrat der Windgeschwindigkeit bedeutet dies jedoch, daß Rasmus uns auf dem neuen Kurs mit einer viel kräftigeren Faust (13,6 kp/m²) packen wird – hilfreich und böse zugleich. Das wird uns deutlich, wenn wir das Quadrat der Windgeschwindigkeit (in m/sec) in Pos. I mit ca. 45, in Pos. II jedoch mit 144 vergleichen.

Es reicht also nicht aus, wenn der Junior nur den Reacher gegen die große Fock auswechselt und damit ein leichteres und vielleicht etwas bauchiger geschnittenes Segel gegen ein gleichgroßes, widerstandsfähigeres und flacheres Vorsegel tauscht. Der Schipper muß die gesamte Segelfläche reduzieren, und zwar nicht gerade im gleichen Verhältnis zur Windkraft an den Segeln, aber doch in einem angemessenen Verhältnis. Seine Entscheidung wird also (vor der Kursänderung!) lauten: „Laßt uns zwei Reffs in das Großsegel stecken und die Fock III setzen!"

Der neue Kurs ist nämlich nicht nur

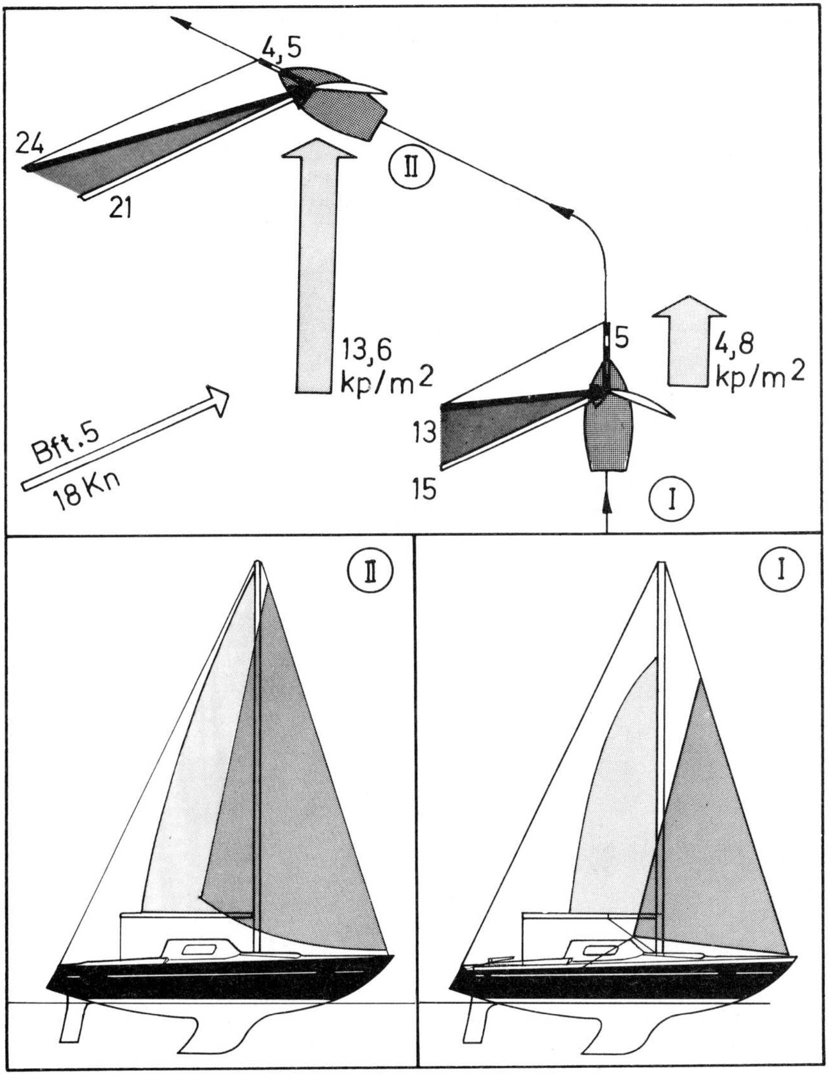

ein Kreuzkurs, und wir segeln ihn nicht nur bei dem herrschenden Großraum-Wind von Beaufort 5, sondern wir müssen hier bereits gegen einen atmosphärischen örtlichen Wind von Beaufort 6 aufkreuzen, der nur am seewärtigen Ausgang der Enge (sehr viel später!) auf Bft. 5 abflauen wird.

Die Lage

42

Mit einem Seekreuzer unterwegs, aber havariert. Der Mast geknickt, das Großsegel zerrissen, der Hilfsmotor (natürlich!) nicht betriebsklar. Sie haben vergeblich versucht, eine Notbesegelung klarzumachen und sich von der Leeküste freizukreuzen. Aber jetzt ist die Küste erreicht: Ankern müssen auf Legerwall in hartem Wetter – das ist kein erfreulicher Gedanke. Doch was hilft es – Sie müssen sich nach einem Platz umsehen, wo Sie nicht nur sicherer ankern, sondern auch vielleicht gefahrloser stranden können, wenn das Ankergeschirr der anhaltenden Dauerbelastung von Wind und See nicht mehr standhält. Aber Sie wollen auch ankerauf gehen und weitersegeln können, wenn der Schaden (zumindest am Motor und vielleicht mit Hilfe eines Mannes an Land, der übergesetzt werden kann) am Ankerplatz behoben sein wird.
Zwei Buchten liegen in Lee. Beide können Sie erreichen. In der Formation des umgebenden Ufers sind sie fast gleich, aber ein Blick auf die Seekarte zeigt, daß ihre Grundbeschaffenheit unterschiedlich ist: Bucht A hat flaches Wasser, das weit in die freie See hinausläuft. Bucht B hat tiefes Wasser, das zum Ufer schneller ansteigt.

Welche der beiden Buchten steuern Sie an – die flache A-Bucht oder die tiefe B-Bucht?

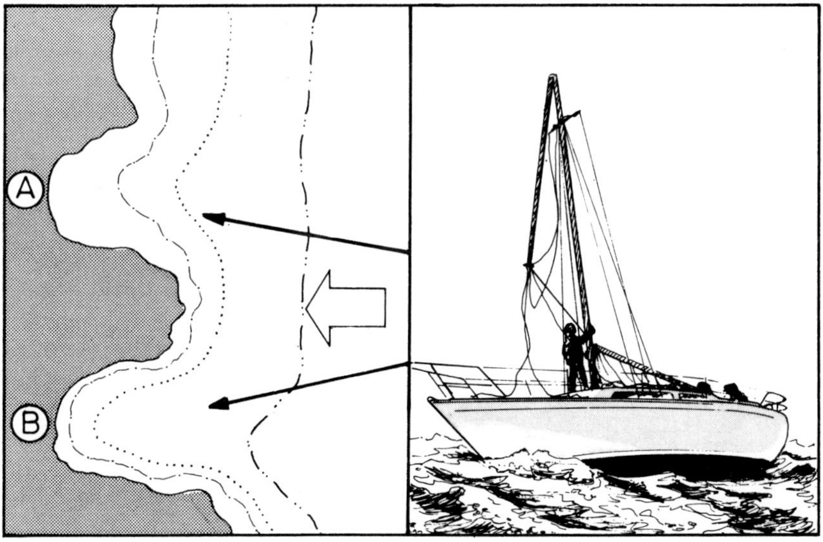

Die richtige Entscheidung 42

Wahrlich keine sympathische Situation und erst recht keine leichte Entscheidung. Hier kann man nur das kleinere von zwei Übeln wählen: In der Bucht B wird eine hohe, brechende See stehen, weil die langen Wellen tiefer in die Bucht hineinreichen und der Übergang zum flachen Wasser plötzlicher erfolgt. Das weiße Gebiß der Brandung zeigt Ihnen schon, wie gefährlich diese Bucht ist. In dem starken Auf und Ab des kräftigen Wellengangs wird das Ankergeschirr auch stärker belastet als vor der flachen Bucht A. Hier bricht die See eher, und wenn sie Ihren Anker und Ihren Ankerplatz erreicht hat, hat sie sich schon mehr oder weniger ausgetobt. Trotz der langen Windbahn läuft sie über dem extrem flachen Grund längst nicht so hoch und weitaus weniger gefährlich. Trotz auflandigen Windes also ruhigeres Wasser. Auch das Verhältnis Wassertiefe zu Trossenlänge beim Ankern ist hier günstiger als in der Bucht B. Bei der gleichen Trossenlänge von 30 m, die Ihnen zur Verfügung steht, ist das Verhältnis (mit Ankergewicht, Kettenvorlauf und aller Sicherung, die man ausbringen kann) in der tiefen Bucht B mit optimal 10 m Wassertiefe immer nur 3:1, während sie in Bucht A bei nur ca. 5 m Tiefe 6:1 ist.

Und noch eine andere Sicherheit bietet die Bucht A, wenn der Anker tatsächlich ins Schlieren kommen sollte: Die See drückt Ihr Boot dann langsam auf weichen Grund, und Sie stranden weitab vom gefährlichen Ufer ohne

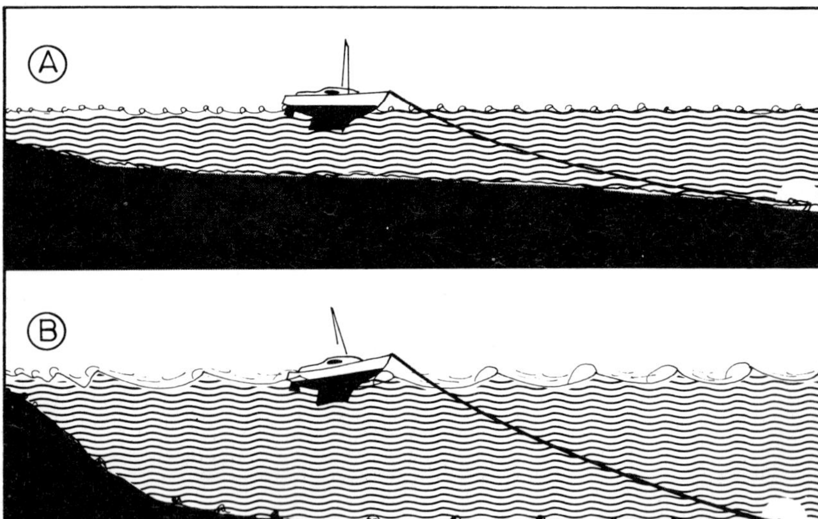

übergroßes Risiko. Wird Ihr Boot hingegen mit schlierendem Anker in Bucht B auf das steil ansteigende Ufer gedrückt, dann kann die Strandung leicht zum Totalverlust führen.

In Tidengewässern ist Bucht A noch vorteilhafter, weil die Yacht dann beim Stranden auf einem Gebiet trockenfällt, das bei Hochwasser wieder überflutet wird.

Die Lage **43**

Abenddämmerung. Sie segeln bei einer frischen Brise heimwärts und bemerken in Lee eine andere Yacht, die Notsignale gibt. Deren Mast steht noch, aber die Segel sind hinweggeflogen, und alle Fallen sind augenscheinlich ausgerauscht. Offensichtlich hat die Yacht ein Leck, aber die Verständigung ist schwierig. Die havarierte Yacht hat ihren Anker ausgebracht, aber er scheint zu schlieren und hält den Kreuzer nicht auf Legerwall in sicherem Abstand von der gefährlichen Küste.

Durch Rufen und Zeichen gibt die fremde Crew zu verstehen, daß sie ihr Boot verlassen und von Ihnen gerettet werden will.

Was ist zu tun?

Die richtige Entscheidung 43

Das Längsseitsgehen sowohl in Luv wie in Lee ist gefährlich; denn der Mast des Havaristen schwingt weit zu beiden Seiten, und die Gefahr ist groß, daß er in das Segel Ihres Bootes stößt oder sich in Stagen und Wanten verhakt, auch wenn Sie nur unter Motor anlaufen (Abb. A). Auch am Heck des treibenden Bootes festzumachen ist riskant; denn Sie müssen mit Ihrem Boot unter allen Umständen manövrierfähig bleiben. Am Bug müssen Sie ohnehin noch auf die lange Ankertrosse Rücksicht nehmen, deren Lage und Länge Sie nicht kennen.

Wenn der Strand tatsächlich so gefährlich nahe ist, laufen Sie von Luv (Pos. 1) raumschots bis dicht unter das Heck des fremden Bootes, luven in Höhe des Achterschiffes (Pos. 2) an, fieren gleichzeitig die Großschot etwas weiter auf, um Fahrt zu verlieren, und werfen den Seglern des havarierten Bootes eine Leine zu. Besser noch: Der Segler des fremden Bootes, der zuerst mit Schwimmweste und Sicherheitsgurt abgeborgen werden soll, wirft Ihnen seine (verlängerte) Sicherheitsleine zu. Sie fliegt von Luv nach Lee besser, und man spart die (kostbare) Zeit des Ansteckens am Körper.

Bereits jetzt muß der erste Mann von drüben springen; denn Sie müssen die Großschot schon wieder dichtholen und anluven (Pos. 3), um in dichtem Abstand zu bleiben; dabei nehmen Sie aber gleichzeitig wieder mehr Fahrt auf. Sobald der erste Mann des Havaristen also im Wasser an der Bordwand

hängt (wenn er den rettenden Sprung auf das Deck nicht schaffte oder der Abstand zwischen beiden Booten zu groß geblieben ist), die Großschot dichtholen, anluven und nach Luv Distanz gewinnen. In sicherem Abstand und in Luv des Havaristen (Pos. 4–5) wenden, raumschots sicher in Luv zur anderen Seite laufen (Pos. 6) und nach dem Halsen (Pos. 7) denselben Anlauf wiederholen, um den zweiten Mann auf die gleiche Weise zu bergen. Es ist gefährlich, mehrere Besatzungsmitglieder zu gleicher Zeit an Bord nehmen zu wollen. Dabei verliert das rettende Boot nicht nur viel Fahrt, es kann auf Legerwall selbst in eine bedrohliche Situation geraten. Auf Ihrem Boot kann sich auch immer nur ein einziger Mann mit der Rettung eines der fremden Segler beschäftigen, und die Lebensrettung wird dann zu einem kaum kalkulierbaren Risiko.

In dieser nahen Entfernung einer gefährlichen Leeküste ist das Abbergen immer schwierig und riskant, und es wird vielleicht nicht ohne eine leichte Verletzung der geretteten Segler abgehen, wenn sie in Angst und Eile vom Heck ihres Bootes auf das Deck des von achtern heran- und vorbeilaufenden Seekreuzers überspringen sollen bzw. müssen. Aber wenn dies das kleinere Übel ist, muß man es mit dem Mute der Verzweiflung wagen! In jedem Falle darf die Besatzung des havarierten Seekreuzers erst ihr Deck verlassen, wenn die Sicherheitsleine fest in der Hand eines Seglers des rettenden Kreuzers liegt bzw. auf dessen Deck sicher belegt ist. Ein ohne Leinenverbindung nach Lee abtreibender Segler ist ohne Gefährdung des rettenden Bootes kaum zu fischen.

Die Lage 44

Ihr Vorschotmann hat die Ankertrosse (Ankerkette) zum Ankern ausgelegt. Sie gehen noch einmal auf das Vorschiff, um zu prüfen, ob das Boot auch klar zum Ankern ist. Der Vorschotmann ist stolz darauf, wie gut er (nach seiner Meinung) die Kette auf dem Vordeck zurechtgelegt und die aus dem Kettenkasten kommende Part um den Poller belegt hat. Sie wissen, daß nach dem Steifkommen der Ankerkette ein großer Druck auf dem Ankergeschirr lasten wird.

Geben Sie nach dieser Inspektion das Kommando zum Ankern?

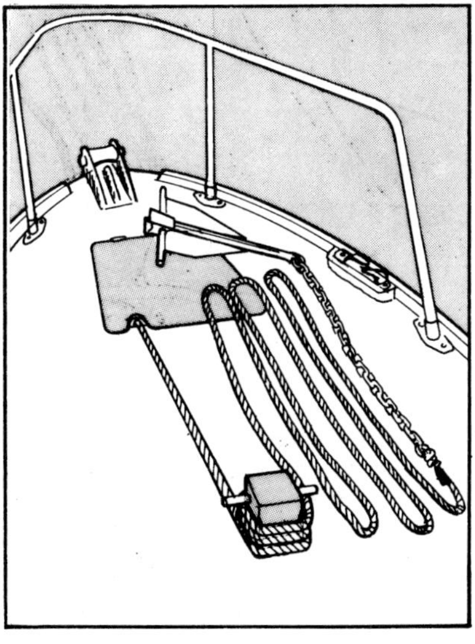

Die richtige Entscheidung 44

Nein! Lassen wir außer acht, daß zwei Törns mit der Kette oder Trosse um den Poller zweifellos nicht die Last abstoppen und die Trosse festhalten werden, wenn erst Zug auf die Verbindung kommt: Der Vorschotmann hat die belastete Part des Ankers oben auf den Poller und die Part zum Nachstecken aus dem Leinenkasten nach unten gelegt. So wird es nicht möglich sein, der Ankertrosse später mehr Lose zu geben und sie gleichzeitig festzuhalten.

Der Zug muß immer zuerst vom Anker über die Trosse zum Poller laufen, dann mit drei bis vier Törns abgefangen und abgestoppt werden, so daß die lose Part frei und jederzeit nachsteckbar zum Kettenkasten läuft. Dann kann man nach Belieben mehr Trosse stecken oder den Anker kurzstag hieven, wenn es erforderlich sein sollte.

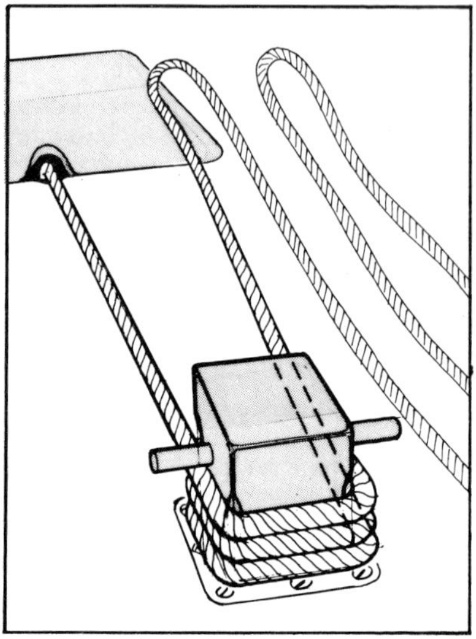

Die Lage 45

Sie segeln in ausländischen Gewässern und steuern durch eine fremde Einfahrt zwischen zwei Inseln hindurch. Voraus soll eine Spierentonne in Sicht kommen, die eine steinige flache Stelle von zwar geringer Ausdehnung, aber mit gefährlich flachem Wasser kennzeichnet; sie liegt mitten in der Durchfahrt. Ihr Sohn ist am Ruder. Sie selbst halten Ausguck mit dem Glas. Bei dieser Entfernung müßten Sie die Spierentonne auf der Untiefe U schon längst gesichtet haben; die Landmarken ermöglichen eine genaue Schiffsortbestimmung. Ihren letzten wahren Ort hatten Sie um 14.17 Uhr in die Karte eingetragen.

Was sollen Sie tun? Sollen Sie auf gut Glück durch die Meerenge hindurchlaufen und einen Kurs zu steuern versuchen, der Sie weder zu dicht an die flachen Ufer noch gefährlich nahe an die auf der Generalkurslinie liegende Untiefe bringt – oder gibt es eine andere Möglichkeit, mit einer genauen Ortsbestimmung durch die Enge hindurchzulaufen?

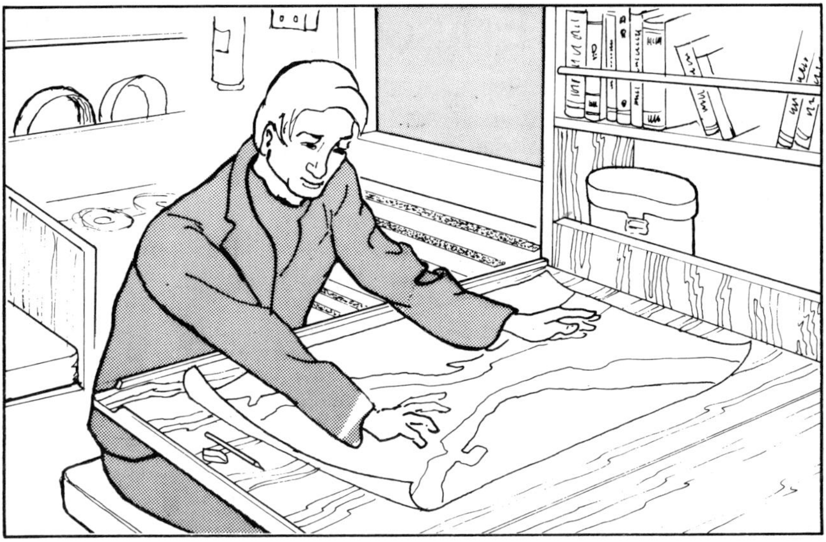

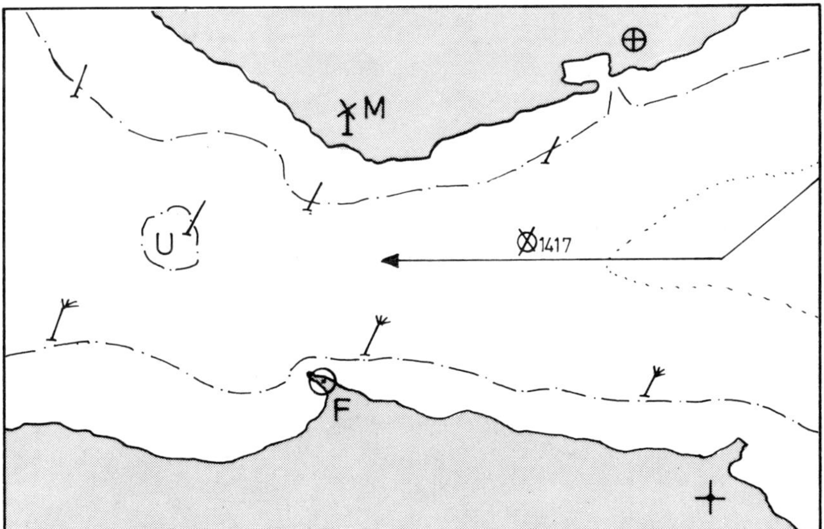
M
U
1417
F

Die richtige Entscheidung 45

Mit Kompaß und Seekarte ist es möglich, auch ohne die Spierentonne die tückische Untiefe zu passieren; man muß gelegentlich damit rechnen, daß Pricken abgebrochen oder verankerte Tonnen vertrieben sind.

Gehen Sie zuerst an die Karte und tragen die Peilung der Untiefe zu den beiden nächsten Landobjekten ein: Von der Untiefe U peilen Sie die Mühle M mit 55° und den kleinen Feuerturm F mit 137°. (Abb. A) Das sind die beiden „gefährlichen" Peilungen, in der die Gefahrenstelle liegt; vor ihnen müssen Sie sich hüten.

Sie tragen daher noch zwei andere Peilstrahlen von Mühle und Feuer ein, die Ihre jetzige Kurslinie schneiden und dennoch frei von der Untiefe bleiben: Zum Beispiel einen Peilstrahl von 155° (Abb. B) zum Feuer F, der Ihre Kurslinie kreuzt und im Osten frei von der Untiefe bleibt, sowie einen Peilstrahl von 75° zur Mühle M, der im Norden und Westen frei zwischen der Untiefe und dem flachen Ufer bleibt. Sie erhalten jetzt den Schnittpunkt X zwischen dem ersten Peilstrahl nach F und unserer jetzigen Kursrichtung sowie den Schnittpunkt Y zwischen beiden Peilungen. Diese Linien werden jetzt zu Kurslinien, und die Punkte X und Y geben die Positionen der Änderung der Kursrichtungen an.

Um jedoch die Peilstrahlen als Kurslinien verwenden zu können, müssen Sie sie zur Gegenpeilung umrechnen: Wenn Sie mit dem Feuer F im Kielwasser von diesem hinweglaufen, müssen Sie einen Kurs von 335° steuern. Lassen Sie nach einer Pei-

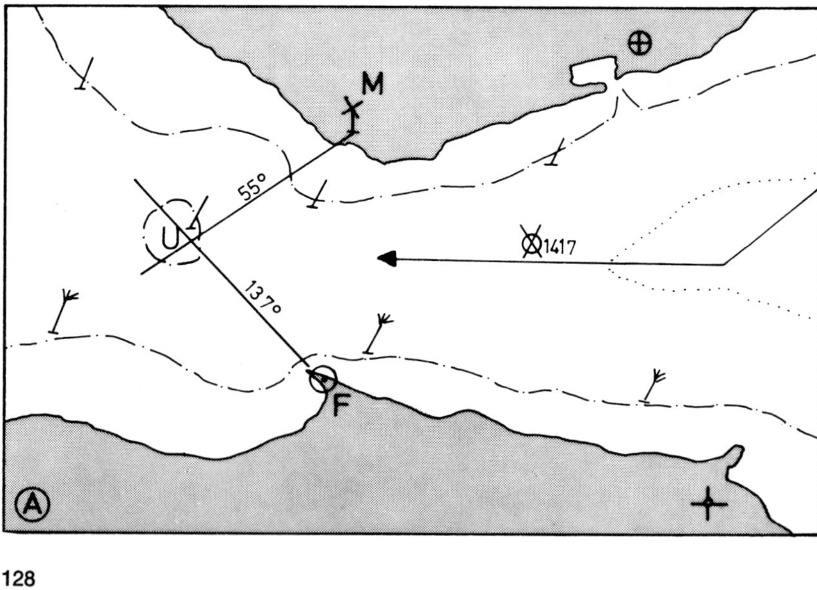

lung von 75° am Punkt Y die Mühle M achteraus, dann müssen Sie einen Kurs von 255° steuern. Auch diese beiden Gegenpeilungen als Kursrichtungen tragen Sie in die Karte ein. (Natürlich müssen Sie diese rechtweisenden Kurse und Peilungen auf Ihre Kompaß-Kurse und -Peilungen umrechnen!)

Das Durchsteuern ist also ganz einfach: Sie laufen mit Ihrem Boot auf dem bisherigen Kurs weiter, bis Sie das Feuer F in rechtweisend 155° peilen, drehen hart nach Steuerbord und nehmen das Feuer auf einem Nordwestkurs von 335° recht achteraus. Peilen Sie am Punkt Y die Mühle M in rechtweisend 75°, dann drehen Sie hart nach Backbord und laufen auf einen Kurs von 255° mit der Mühle M im Kielwasser sicher nördlich der Untiefe vorbei.

Natürlich ist auch der Weg zur anderen Seite möglich (Abb. C): Dann zeichnen Sie zuerst einen Peilstrahl von der Mühle M, der sicher östlich der Untiefe bleibt (33°) und Ihren Kurs kreuzt. Ihm folgt ein zweiter Peilstrahl zum Feuer F, der südlich an der Untiefe vorbei nach Westen läuft (114°). Beide Peilungen rechnen Sie wieder in die Gegenpeilungen um, die Ihre Kursrichtungen darstellen, und dann ändern Sie im Punkt X Ihren Kurs nach Süden auf 213° bis zum Wendepunkt Z, an dem Sie das Feuer F in 114° peilen, drehen hart nach Steuerbord und nehmen auf einem Kurs von 294° das Feuer F ins Kielwasser.

Zwei gleichgute Möglichkeiten, um eine für das Boot gefährliche Untiefe, deren kennzeichnende Spierentonne durch höhere Gewalt geknickt oder vertrieben ist, sicher zu umschiffen.

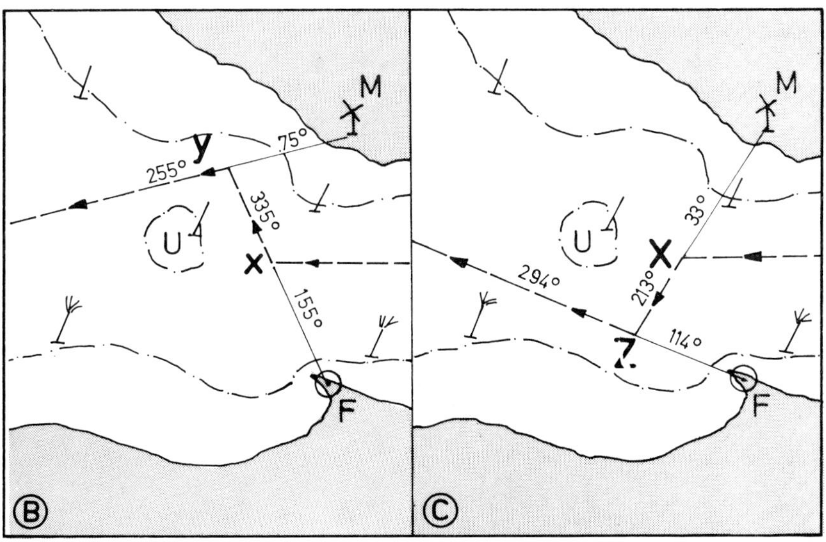

Die Lage

46

Sie segeln mit einem Nordwestwind an einer Luvküste entlang und suchen einen Ankerplatz. Schönes Sommerwetter, eine günstige ablandige Brise und ein Wunsch, wenigstens bis zum nächsten Vormittag in dieser Bucht zu bleiben. Die Wetterlage ist ein wenig indifferent; man weiß nicht, ob der Nordwest durchsteht, ob er seine Richtung ändert und – da eine Richtungsänderung nicht auszuschließen ist – in welche Richtung er drehen könnte.

In welcher der beiden Buchten I und II suchen Sie einen Ankerplatz, der möglichst dicht unter Land liegen sollte, um mit dem Schlauchboot auch einmal ans Ufer fahren zu können?

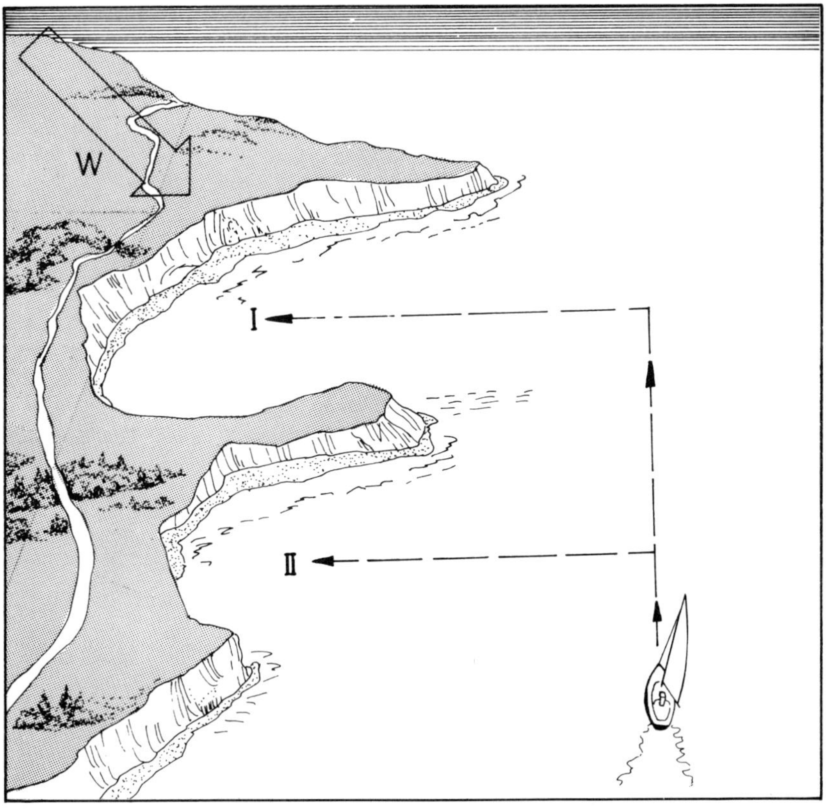

Die richtige Entscheidung 46

Sie wählen die Bucht II. Denn sie bietet bei gleichem Abstand des Ankerplatzes vom Land die bessere Möglichkeit, bei einer Winddrehung auf Nordost, Ost oder Südost, bei der Ihr Boot auf Legerwall liegen würde, mit einem Schlag das freie Wasser zu erreichen.

Wenn die Grundbeschaffenheit und die Uferformation von benachbarten Buchten annähernd gleich sind, wählt man den Ankerplatz nach dem Gesichtspunkt des „Auspickens" aus, d. h. der besseren Flucht bei auflandigem Wind. Man weiß nie, wann der Wind dreht und mit welcher Stärke er

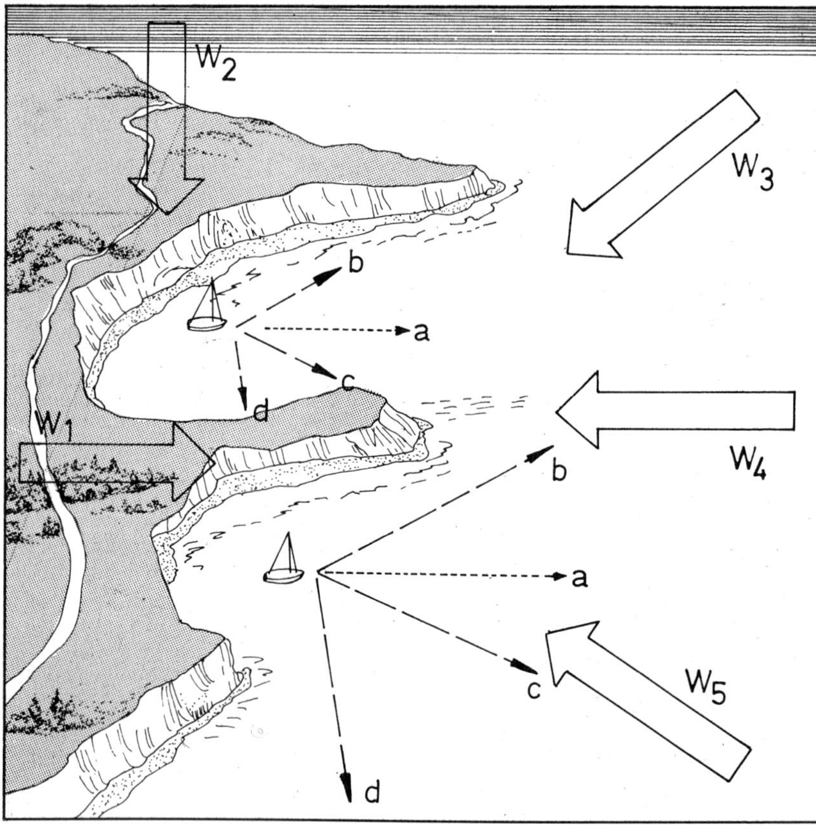

weht, welche See er hierbei aufbaut und unter welchen Bedingungen wir selbst dann freikreuzen können.
In Bucht II kann man mit einem Schlag die freie See erreichen und sich auch nur mit der Fock allein hart-raum bis raumschots freisegeln. In Bucht I werden Sie (im Gefahrenfalle und nur mit Fock) das freie Wasser unter Segeln nicht erreichen. Jeder mögliche Amwindkurs führt auf das Ufer, und nur bei nördlichen oder westlichen Winden (W_1 und W_2) können Sie auf Kurs a nach See sicher ablaufen. Bei allen übrigen Windrichtungen W_3 bis W_5 sind Sie mit den Kursen b–d in diesem zwar breiten, aber gefährlichen Schlauch gefangen. Demgegenüber können Sie in Bucht II bei allen Windrichtungen W_1 bis W_5 auf allen Kursen a bis d vom Ufer gefahrlos ins freie Wasser steuern.

Die Lage **47**

Sie nähern sich mit Ihrem Boot einer Seeschiffahrtsstraße, auf der ein mittlerer Tanker die Küstengewässer verläßt. Sie peilen ihn in Pos. 1 „über den Daumen“, in diesem Falle über eine Relingstütze, um die Auswanderung zu messen. Nach einer Minute, während der Sie Kurs und Fahrt so genau wie möglich beibehielten, bietet sich das zweite Bild.

Eine klare Angelegenheit? Welche Gefahren könnte sie bergen? Welche Entscheidung treffen Sie?

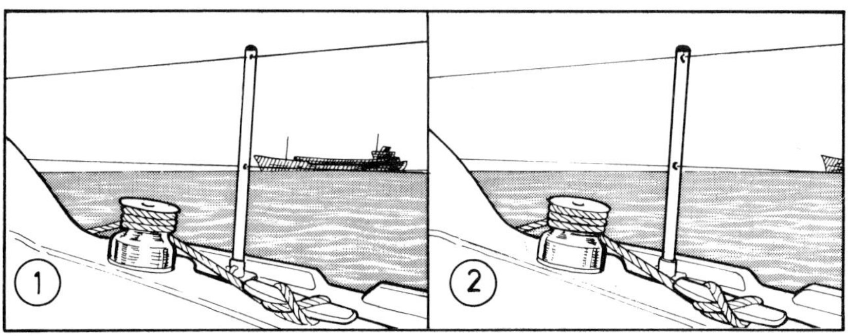

Die richtige Entscheidung 47

Natürlich können Sie Kurs und Fahrt beibehalten; denn Ihre Geschwindigkeit liegt deutlich über der des Tankers. Nach Ihren Peilungen in 1 und 2 würden Sie in Pos. 3 den Kurs des großen Schiffes sicher um zwei bis drei Schiffslängen vor seinem Bug kreuzen. Aber: Ist es nicht verwunderlich, daß ein großer Tanker so viel langsamer läuft als ein kleiner Seekreuzer?

Peilen Sie weiter in Minutenabständen, ob der Tanker tatsächlich achteraus bleibt! Vielleicht hat er nur gestoppt, um den Lotsen abzugeben, und wird gleich wieder Fahrt aufnehmen? Dann wird sich unsere Peilung schnell ändern und vielleicht wieder die Pos. 1 erreichen – Kollisionskurs! Dann müssen Sie sofort nach Steuerbord abdrehen und hinter seinem Heck das Kielwasser kreuzen (vergleiche Entscheidung Nr. 13).

Aber auch ein langsamer Tanker ist für Sie nicht ungefährlich, wenn Sie seine Kurslinie weit vor dem Bug kreuzen (Pos. 3): Wehe, wenn Sie durch Havarie in diesem Bereich zum Stehen kommen! Die Stoppstrecke eines Tankers von „Voll Voraus“ auf „Voll zurück“ beträgt ca. 4 km – aber Sie manövrieren in wesentlich kürzerer Entfernung vor seinem Steven. Und Sie befinden sich hierbei noch im toten Winkel (A), in dem Sie von der Brücke aus über das hohe Vorschiff gar nicht gesichtet werden können. Auch Riesenschiffe werden heute nur von einem Wachhabenden auf der Brücke gefahren, der sich beim Aus-

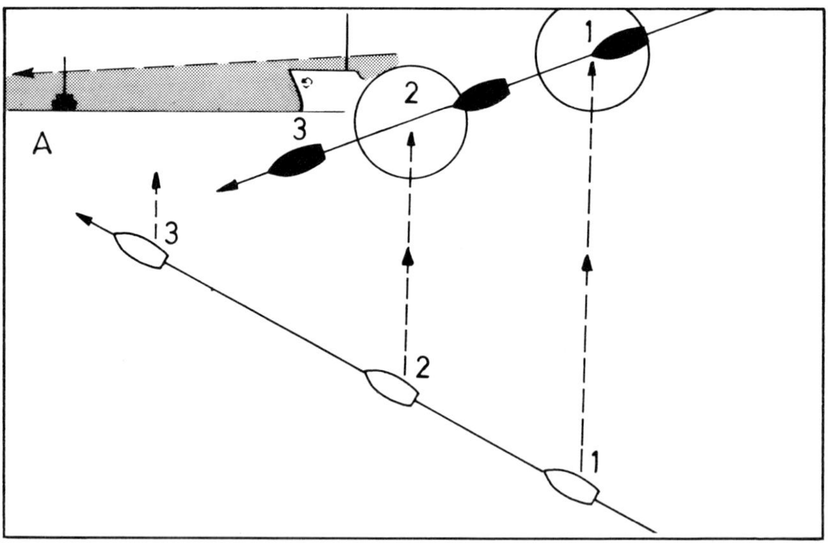

guck weitgehend auf sein Radargerät verläßt – und dieses erfaßt Sie ebenfalls nicht. Hat der Wachhabende Sie in den Positionen 1 oder 2 nicht selbst entdeckt oder hat er Sie (bei anderen Arbeiten auf der Brücke) in Pos. 3 ganz einfach „vergessen", weil Sie (im toten Winkel) außer Sicht gekommen sind, dann kann die Situation im Havariefall sehr gefährlich werden.
Ein solches Risiko geht kein verantwortungsbewußter Schipper ein! Er kreuzt den Bug eines Riesenschiffes, das dazu noch in einer Seeschiffahrtsstraße bedingt manövrierfähig ist, möglichst nicht vor seinem Bug, auch wenn die Situation, wie unsere Frage zeigte, so klar und deutlich ist. Im Zweifelsfalle also: Auf Parallelkurs zum Dickschiff gehen und (durch neuerliche Daumenpeilung) noch einmal prüfen, ob der Tanker tatsächlich achteraus bleibt, und dann erst „über die Straße laufen". Anderenfalls: Fahrt vermindern, ihn vorbeilassen und hinter seinem Heck den alten Kurs fortsetzen.

Die Lage **48**

Auf einem fremden Seekreuzer sind Sie als Schotmann eingestiegen, um ein Rennen mitzusegeln. Sie freuen sich und nehmen sich vor, einmal zu zeigen, ein wie guter Segler Sie sind. Aber schon vor dem Ablegen kommt der Schipper und nimmt Ihnen die Arbeit aus der Hand: Sie haben das Fall an einer Klampe belegt und den Rest des Tauwerks sauber aufgeschossen. Jetzt wollen Sie die Leine in die Hand nehmen, noch einige Törns um die Buchten legen und sie dann über die Klampe hängen.
Aber dazu kommt es gar nicht. Der Schipper sagt: „Lassen Sie mich das einmal machen, gucken Sie lieber in die Bilge, ob sie richtig gelenzt ist!"

Warum werden gerade Sie zum Bilgenkrebs degradiert? Was haben Sie hier wohl falsch gemacht?

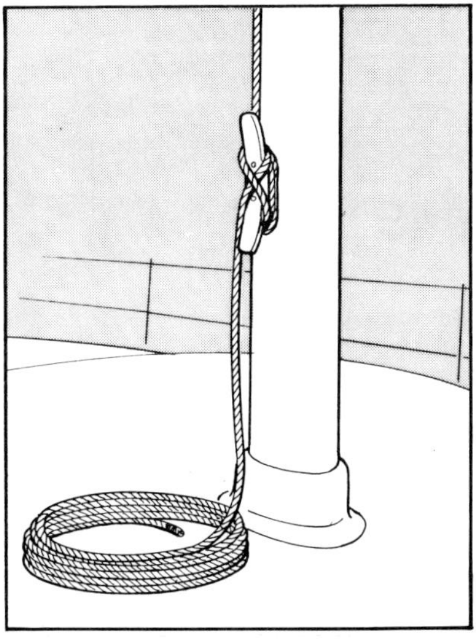

Die richtige Entscheidung 48

Sie haben die rechtsgeschlagene Leine linksherum aufgeschossen. Dadurch kommt Ihr Boot zwar nicht unmittelbar in Schwierigkeiten; aber das Tauwerk kann sich verkinken, wenn man die übliche Drehrichtung des Aufschießens ändert, und eine rechtsgeschlagene Leine (erkenntlich daran, daß die Kardeele von rechts oben nach links unten laufen) muß nun mal in gleichem Drehsinn, d. h. rechtsherum, aufgeschossen werden.
Übrigens müssen Sie den Beginn der Drehrichtung beim Aufschießen am **Tampen** und nicht an dem Ende zu erkennen suchen, das zur Klampe führt. Nur am Tampen, mit dem Sie ja das Aufschießen begonnen haben, sehen Sie genau, wie hier das Fall tatsächlich (in Richtung der Kardeele) rechts herum aufgeschossen ist.

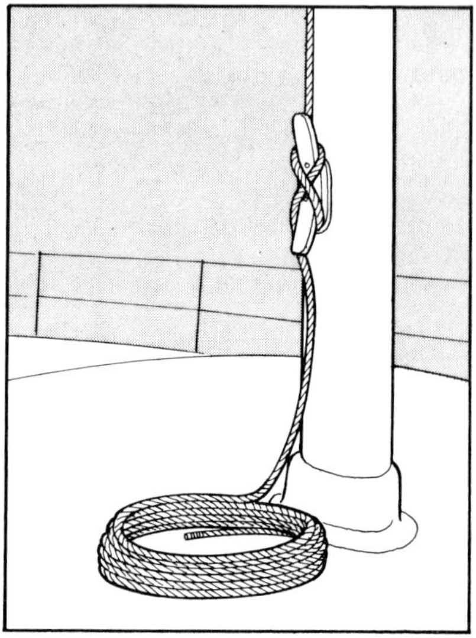

Die Lage 49

Sie haben die Schleuse in Brunsbüttel zu einem ungünstigen Zeitpunkt verlassen. Auf der Elbe ist Flut; der einlaufende Strom setzt mit ca. 2 kn, und eine kräftige Vollzeugbrise weht senkrecht zum Strom und auflandig genau in die Schleuseneinfahrt hinein. Es regnet, und die Nacht wird bald hereinbrechen. Sie wollen schnell auf die andere Seite der Elbe kreuzen und sich hinter dem Ufer vor Anker legen.

Macht es für Sie einen Unterschied, ob Sie einen Schlag über Backbordbug oder über Steuerbordbug wählen? Für welchen der beiden Kurse entscheiden Sie sich? Auf welchem Bug kommen Sie schneller an einen Punkt des genau in Stromrichtung verlaufenden Ufers, über das der Wind senkrecht gegen sie weht?

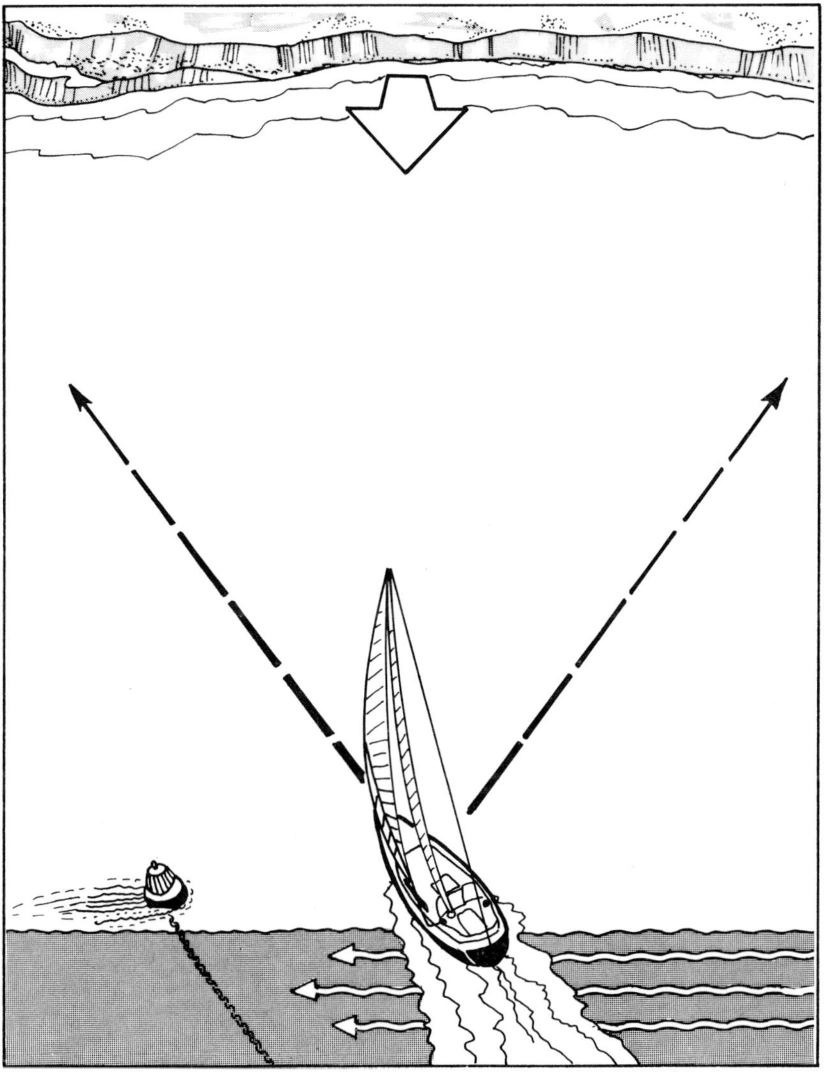

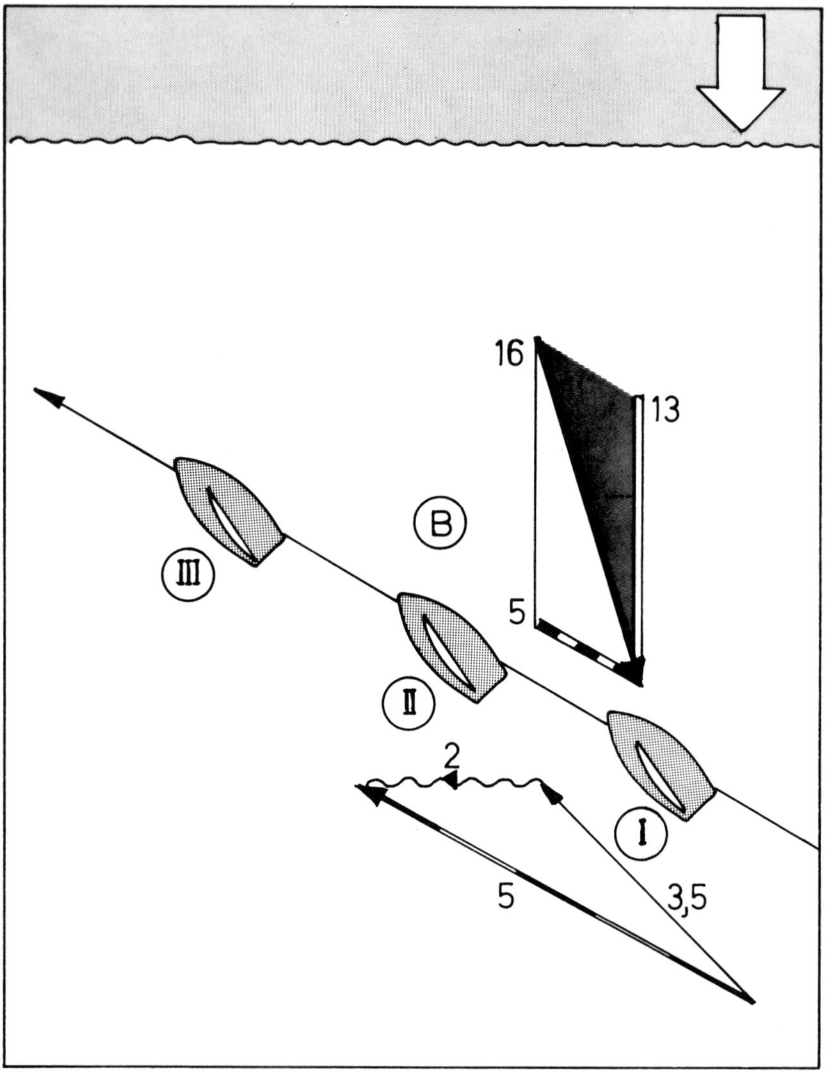
16
13
B
III
5
II
2
I
5
3,5

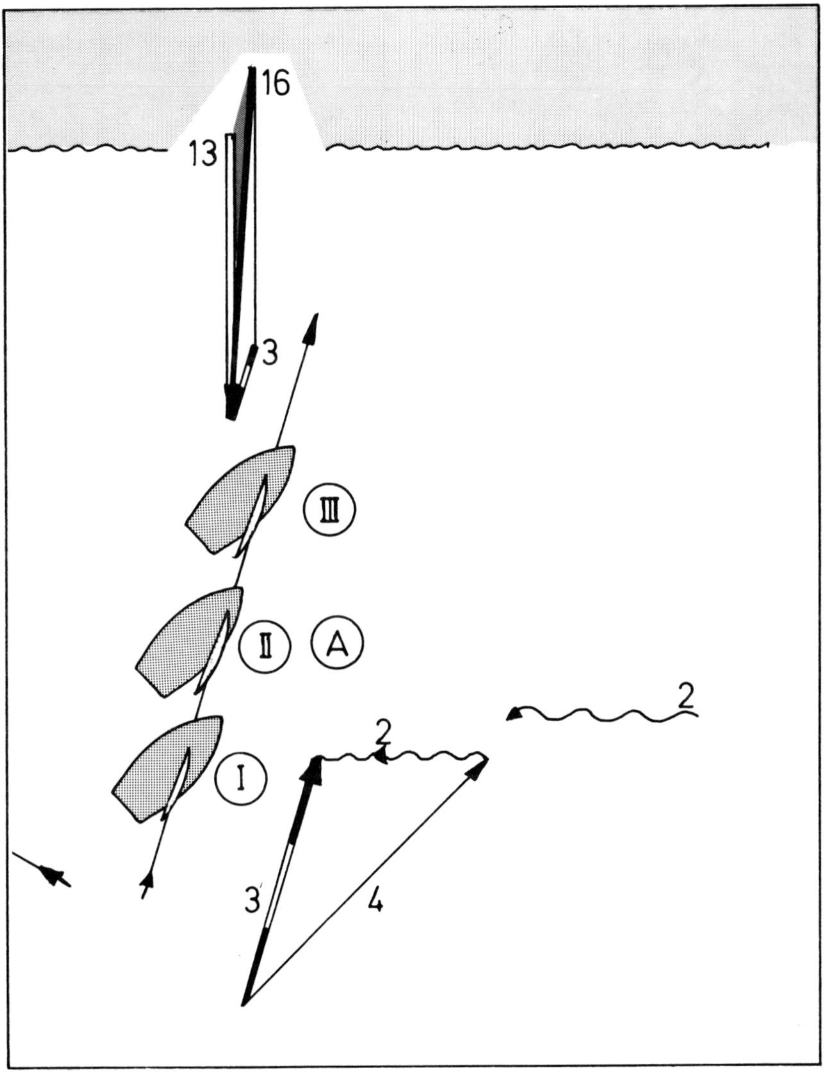
16
13
3
III
II
A
I
2
2
3
4

Die richtige Entscheidung 49

Sie wählen den Kurs über Steuerbordbug (A), auf dem der Strom von Lee aus gegen das Boot drückt. Dabei vermindert sich zwar Ihre Fahrt über Grund gegenüber Kurs B auf Backbordbug, wo der Strom kräftig mitzieht – aber über Steuerbordbug (abhängig von der Fahrt durchs Wasser und der Stromstärke) erreichen Sie das jenseitige, sichere Ufer früher.
Es ist interessant, sich beide Kurse einmal näher anzusehen: Der atmosphärische Wind mit einer Geschwindigkeit von 13 kn und die Stromstärke von 2 kn sind für beide Kurse konstant; alle anderen Werte ändern sich: Da Ihre Fahrt über Grund auf Kurs A mehr in Windrichtung verlaufen kann, kommt der relative Wind weitgehend aus der Richtung des wahren Windes. Trotz der geringen Fahrt über Grund (3 kn) können Sie bei dem kräftigeren relativen Wind (16 kn) nicht nur sehr hoch anliegen, sondern sogar die Schoten etwas schricken und damit mehr Fahrt durchs Wasser (4 kn) als auf Kurs B machen, wo Sie auf Amwindkurs nur durch das Wasser 3,5 kn schnell sind. Die dabei auf 5 kn erhöhte Geschwindigkeit über Grund ist nicht vorteilhaft: Sie bewirkt, daß der Winkel zwischen dem atmosphärischen Wind und dem relativen Wind, der hier ebenfalls 16 kn beträgt, viel größer als auf Kurs A wird und Sie die größere Geschwindigkeit (über Grund) mit geringerer Höhe bezahlen müssen.
Im Zweifelsfalle also: Den Strom auf dem Leebug halten, wenn man schnell nach Luv Raum gewinnen oder zur Luvküste eines Gewässers segeln will, und Wind mit Strom in einem Winkel von 90° aufeinander treffen.

Die Lage 50

Besuch auf einer Bootsausstellung. Ein Freund will einen kleinen Seekreuzer von 7,50 m Länge über alles und 6,50 m Länge in der Wasserlinie kaufen; bei einem Tiefgang von 1,30 m hat er ein Leergewicht von 2,6 t und ist mit 24 m² besegelt.
Das Boot sieht gut aus, doch entdekken Sie bei der Verarbeitung und bei einigen Einzelteilen einige kleinere Mängel, die eigentlich auf einem Ausstellungsboot nicht sichtbar sein dürften: Hier ist eine Relingstütze locker, dort klemmt der Ruderbeschlag, und die Schotführung der Fock paßt nicht zu den fest mit dem Deck verbundenen Holepunkten. Ihr Freund hat alles dieses nicht gesehen, weil der Verkäufer ihn auf ganz andere Einzelheiten aufmerksam machte: den praktischen Klapptisch in der Kajüte, die geschmackvollen Kojenpolster und die ganz neue Anordnung des Waschbekkens im WC-Raum.

Mit einem Prospekt treten Sie den Heimweg in Begleitung Ihres kaufentschlossenen Freundes an. Ihre Meinung soll den Ausschlag geben, und das Hauptargument Ihres Freundes ist: Es ist ein sehr schnelles Boot, das im Test auf fast allen Kursen eine Höchstgeschwindigkeit von 7,5 kn lief. Den Testbericht (nur mit Großsegel und Fock; auf allen Kursen) legt er Ihnen vor.

Bisher hatten Sie nur subjektive Bedenken; sind diese jetzt ausgeräumt, wenn Sie den Testbericht unter die Lupe nehmen? Oder finden Sie gewichtige Argumente, um nun auch objektiv ein Urteil abgeben zu können — für oder gegen den Kauf?

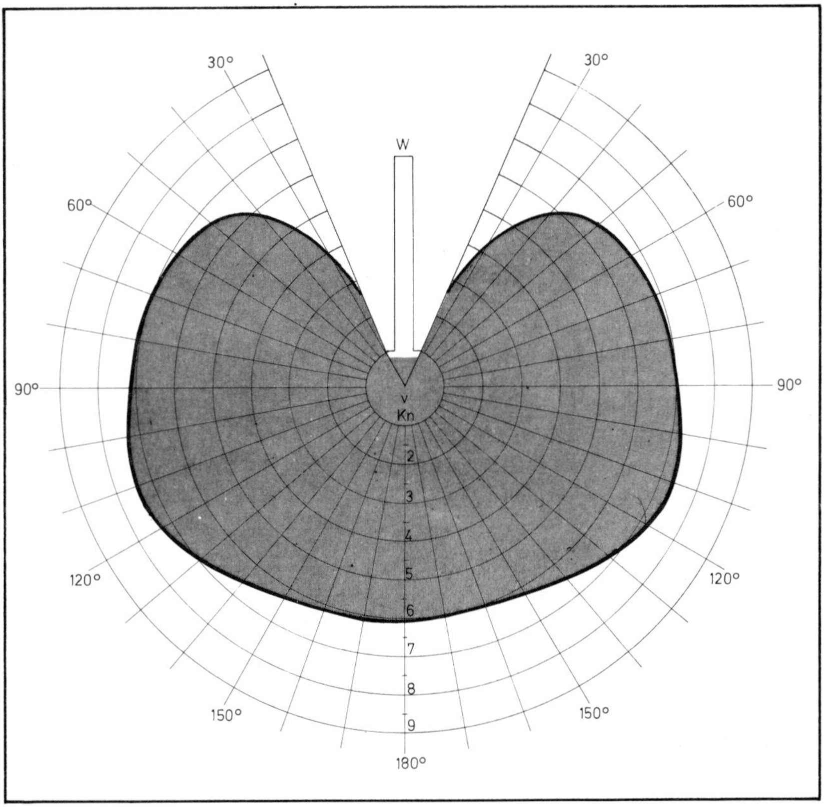

Die richtige Entscheidung 50

Kleine Fehler in der Konstruktion eines Bootes, die noch durch schlechte Verarbeitung deutlicher werden, müssen nicht immer generelle Qualitätsmängel bedeuten – aber sie sollten uns mißtrauisch machen! Der „Testbericht" ist in jedem Falle eine Fälschung; denn ein Seekreuzer dieser Abmessungen und insbesondere ein Verdränger mit einer Länge über alles von 7,50 m und einer Konstruktionswasserlinie von 6,50 m kann niemals eine Höchstgeschwindigkeit von 7,5 kn erzielen. Eine Frage nach dieser maximalen Geschwindigkeit erlaubt dann auch am ehesten, die Seriösität eines Bootshändlers zu erkennen.

Bekanntlich kann ein kleiner Seekreuzer als Verdrängerboot sein Wellensystem nicht verlassen; seine maximale Rumpffahrt (in km/h) läßt sich nach der Formel

$$V_{max} = \sqrt{LWL} \times 4,5$$

ermitteln. Konzedieren wir dem kleinen Seekreuzer Ihres Freundes neben seiner Konstruktionswasserlinie von 6,50 m und einer Länge über alles von 7,50 m eine längste und günstigste Schwimmwasserlinie im Seegang von 7,00 m (die Wurzel davon ist 2,64), dann könnte die Höchstgeschwindigkeit nur

$$V_{max} = 2,64 \times 4,5$$
$$= 12 \text{ km/h oder } 6,5 \text{ kn}$$

betragen. Die Segelfläche reicht jedoch zweifellos nicht aus, um dafür den nötigen Vorschub mit Windenergie zu liefern; auch unter den bestmöglichen Bedingungen wäre kaum eine Höchstgeschwindigkeit von 6 kn oder ca. 11,2 km/h möglich, entsprechend einer relativen Geschwindigkeit von R = ca. 4,3.

Sie hätten die eigenen subjektiven Bedenken zerstreuen können, wenn Ihnen folgendes Testdiagramm vorgelegen hätte: Es zeigt den möglichen Höchstgeschwindigkeitsbereich (V_{max}) und die Geschwindigkeitskurven für leichtes Wetter (Windgeschwindigkeit 7 kn, gestrichelt), mittleres Wetter (Windgeschwindigkeit 13 kn, strichpunktiert) und schweres Wetter (Windgeschwindigkeit 18 kn, in einer fetten

Linie). Zwar könnten auch diese Werte noch geschmeichelt sein – aber sie wären möglich und zumindest nicht zu widerlegen.
Das falsche Diagramm jedoch – noch dazu, wenn es die Leistungen „nur unter Großsegel und Fock“ behauptet – ist aber mit Sicherheit nicht ehrlich gemeint. Einmal wird die Höchstgeschwindigkeit wider besseres Wissen falsch angegeben, zum anderen kann keine Yacht mit ihrer normalen Amwind-Besegelung auf raum-achterlichen und Vorwindkursen diese maximale Rumpfgeschwindigkeit erreichen – dafür ist die Windkraft zu klein, die Windenergie zu gering und die Segelfläche nicht ausreichend. Auf diesen Kursen kann man den Rumpffahrt-Bereich nur voll ausnutzen, wenn man die entsprechenden Zusatzsegel wie Spinnaker oder/und Tallboy setzt, durch die man die Amwind-Segelfläche nahezu verdoppelt.

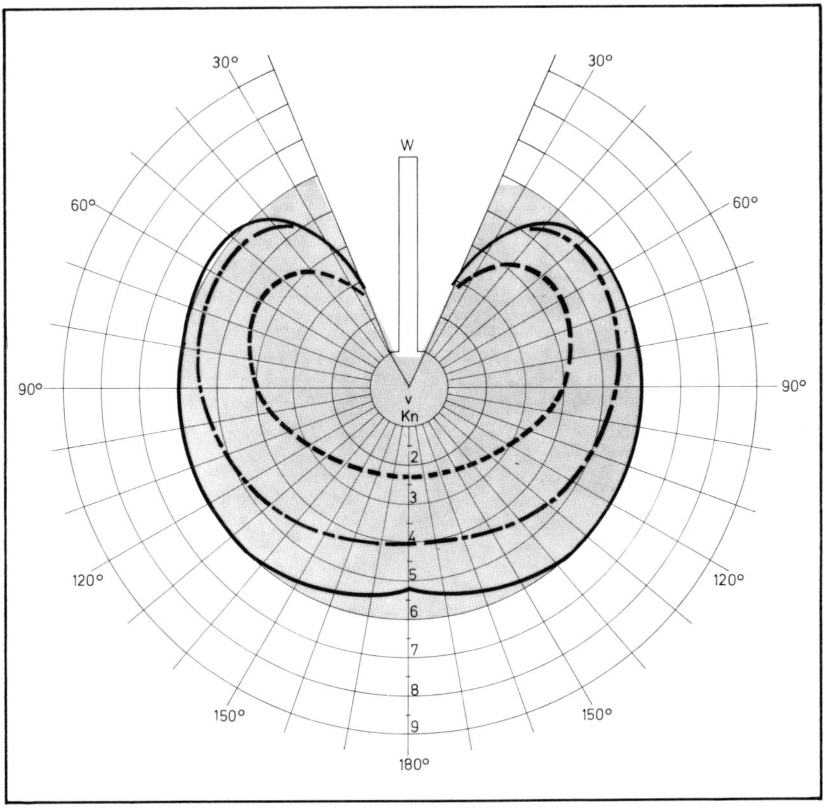

Die Lage

51

Berufliche Pflichten rufen Sie für einige Tage von Ihrer Urlaubsfahrt nach Hause zurück. In einer Bucht, von der aus man die nächste Stadt schnell und bequem erreichen kann, bieten sich zum Überliegen für ca. zweimal vierundzwanzig Stunden drei Ankerplätze an. Ihre Frau wird mit Ihren beiden (kleinen) Kindern an Bord bleiben, so daß das Boot nicht ohne Aufsicht ist. Aber ein Sturmtief ist vorausgesagt, das von Süd nach Nord auf einer Zugbahn östlich Ihres Ankerplatzes vorüberziehen wird.

Sie wollen natürlich nicht, daß das Boot auf Leegerwall gerät oder die Frau allein mit ihren Kindern mit Ankerlichten und Neuverankern belastet wird, wenn sie den Ankerplatz wechseln muß, falls das Boot dennoch auf Legerwall gerät.

Welchen der drei Ankerplätze A, B C würden Sie unter Berücksichtigung der vorausgesagten Wetterlage (Tief östlich, von Süd nach Nord vorbeiziehend) wählen?

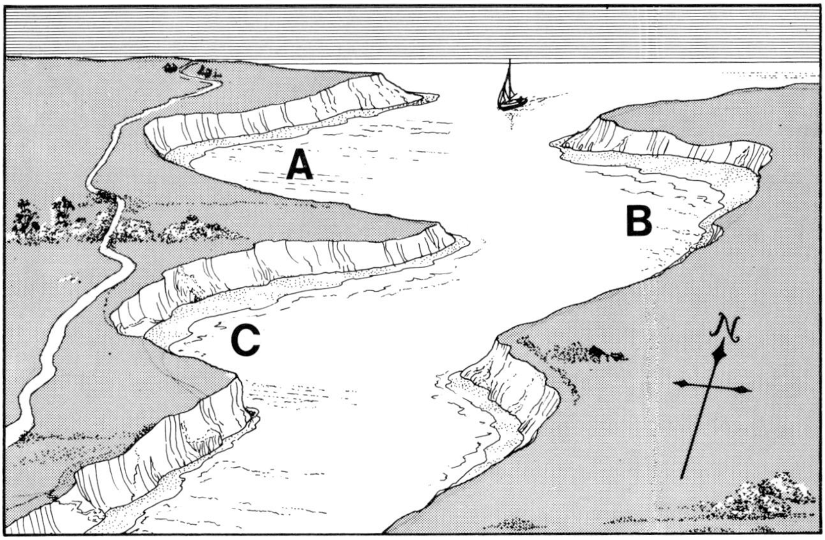

Die richtige Entscheidung 51

Der sicherste Ankerplatz ist C. Wenn das Sturmtief östlich von diesem Seerevier von Süd nach Nord zieht, wird der Wind zuerst aus Nordost wehen (1). Bei dieser Windrichtung ist die Bucht A ungeschützt und offen. Er wird dann über Nord nach Nordwest drehen (2). Bei dieser Windrichtung würden Sie in der Bucht B auf Legerwall vor Anker liegen. Schließlich würde der kräftige Wind, ehe sich das Sturmtief ausgetobt hat bzw. vorübergezogen ist, auf West drehen (3). Auch dann ist man am Ankerplatz C geschützt.

Wer oft ankert und sein Boot auch gelegentlich einige Tage lang (unbeaufsichtigt) an seinem Ankerplatz läßt, macht sich am besten eine solche Schema-Zeichnung eines Tiefdruckgebietes mit den entsprechenden Windrichtungen auf einem (entsprechend

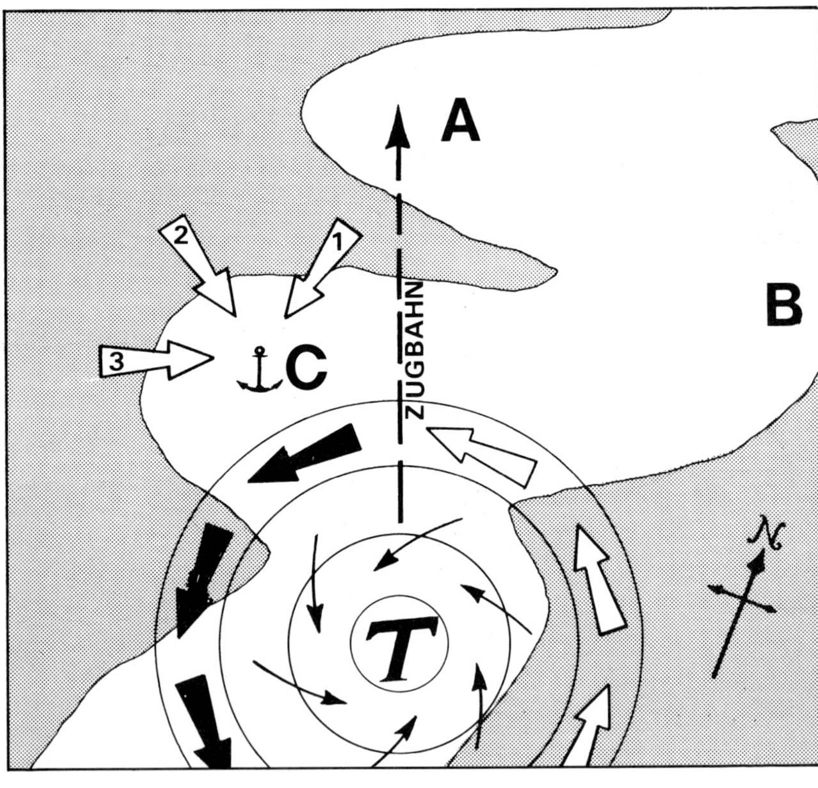

großen) Transparentpapier, noch besser auf einer etwas stabileren und durchsichtigen Folie in ca. halber Größe seines Kartentisches an Bord. Er kann dann (ohne zu lange und – bei den Bewegungen des Bootes im Seegang – zu konzentriert nachdenken zu müssen) jederzeit die Windrichtungsänderung beim Durchzug eines Sturmtiefs plotten und mit einem kurzen Blick erkennen, welche Ankerplätze bei den unterschiedlichen Zugbahnen und den verschiedenen möglichen Ausgangspositionen der gemeldeten Sturmtiefs für ihn sicher und welche für sein Boot gefährlich sind.

Die Lage **52**

Sie wollen unter Segeln aus dem Hafen auslaufen. Der Wind bläst genau in die Einfahrt hinein, und vor den beiden Molen läuft, wie Sie es beim Auftakeln an Tonnen und Bojen erkennen konnten, ein kräftiger Strom. Sie merken, daß Sie hinter den Molen zum Teil abgedeckt sind, und laufen in dieser Ausgangsposition nur wenig Fahrt. In der Einfahrt werden Sie die volle Windgeschwindigkeit ausnutzen können, aber auch der Strom stößt sich an den Molenköpfen und wirkt in die Einfahrt hinein. Die beiden Tonnen begrenzen das Fahrwasser. Sie bezeichnen gleichzeitig das für uns gefährliche Wasser, in dem der deichähnliche Hafenwall noch auf für uns gefährlich flachem Wasser in den Strom hinausläuft.

Wie legen Sie das Manöver an, um aus der Hafeneinfahrt auszulaufen?

Die richtige Entscheidung 52

Wenn Sie jetzt anluven (Abb. A, Pos. 1), dann sind Sie noch bekalmt und laufen in Pos. 2 noch nicht die mögliche (und notwendige) schnelle Amwind-Geschwindigkeit. In Pos. 3 drückt uns der Stromwirbel in der Hafeneinfahrt vielleicht noch günstig ins freie Wasser, aber in Pos. 4 wandert der relative Wind durch die Beschleunigung, die uns der Strom jetzt gibt, plötzlich sehr deutlich nach voraus, so daß Sie – wohl oder übel – abfallen, auch wenn die Segel so spitz wie möglich (für den Segelwind an Bord) geschotet sind. In Pos. 5 werden Sie daher mit Sicherheit zwischen Tonne und Mole geraten, wenn Sie nicht schon vorher mit der Mole selbst Bekanntschaft gemacht haben, und eine Wende gegen den Strom ist unmöglich.

Besser ist es, wie in Abb. B zu segeln: Sie halten in Pos. 1 Ihren Kurs bzw. fallen etwas ab, verlassen in Pos. 2 den Abdeckungsbereich der Mole und steuern auf die andere Seite, wo Sie an der Grenze des jenseitigen Abdekkungsbereiches über Stag gehen (Pos. 3 und 4). Hierbei können Sie auch übertrieben nahe an die Mole heranlaufen; denn der Stromwirbel verhindert eine Kollision mit ihr (Pos. 5). Wenn Ihr Boot in der freien Einfahrt und mit ungehindertem Wind seine

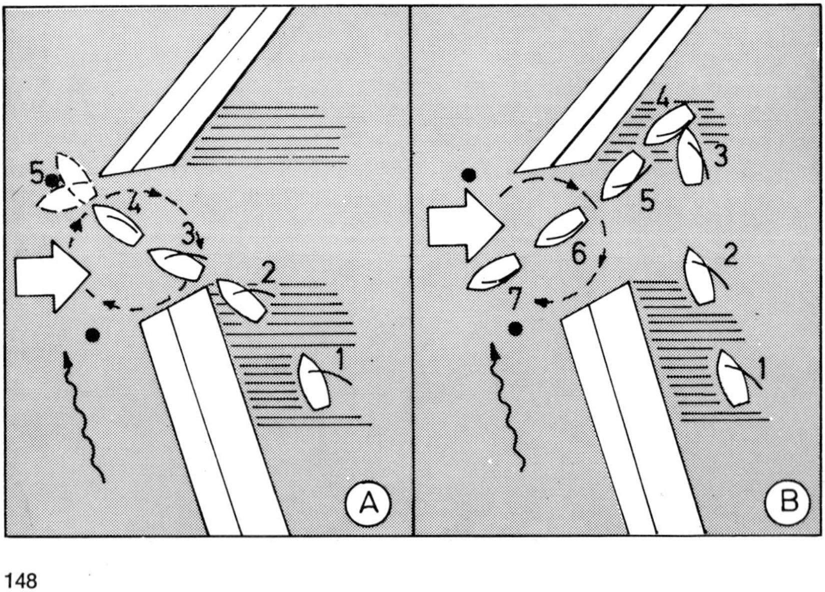

Fahrt voll aufgenommen hat (Pos. 6), hilft Ihnen der Strom an der Leeseite (Pos. 7), gegen einen relativen Wind anzukreuzen, der fast genau aus der Richtung des atmosphärischen Windes kommt. So erreichen Sie sicher das freie Wasser und bleiben gut von beiden Bojen in der Einfahrt frei.

Die Lage **53**

Sie sind stolz, mit Ihrem Seekreuzer zum ersten Mal auf Fahrt zu gehen, und haben sich einen Freund mitgenommen, der schon manchen Segeltörn erfolgreich abgewettert hat; so erzählte er Ihnen jedenfalls. Jetzt krabbelt er mit kritischem Blick an Deck umher, während Sie an der Pinne sitzen. Aber in Lee an den Wanten bleibt er sitzen und winkt:

„Deine Wanten sind zu lose", ruft er vorwurfsvoll, „viel zu lose. Wir müssen sie sofort nachspannen!"
Ihr Boot läuft mit einer Vollzeugbrise; Sie haben auf dem Seitendeck noch trockene Füße, aber manchmal stippt die Fußleiste doch schon ins Wasser.

Hat Ihr schlauer Segelfreund recht?

Die richtige Entscheidung 53

Sie können es selbst nachprüfen, wenn Sie sich an Ihren Mast stellen und in Längsschiffsrichtung vom Mastfuß bis zum Topp blicken. Ihr Mast muß und wird jetzt noch gerade stehen. Bei wenig Wind und einer geringen Krängung dürfen die Leewanten keine fühlbare Lose haben. Wenn aber bei einer Vollzeugbrise die See schon über Deck wäscht (oder zumindest kurz davor ist), dann werden die Luvwanten stärker belastet, und die Leewanten müssen ganz zwangsläufig etwas Lose erhalten.

Im allgemeinen können Sie davon ausgehen, daß sowohl die Länge der Salingen wie der Winkel, in dem sie die Toppwanten seitlich spreizen, richtig sind. Sie müssen nur darauf achten, daß gleicher Zug auf Vor- und Achterstag sowie auf Ober- und Unterwanten bleibt. Das prüfen Sie am besten, wenn Ihr Boot mit gesetzten Segeln vor Anker liegt und der Mast die Ruhebelastung seines Windmotors trägt (Abb. 1): Achterstag (A) und Vorstag (B) müssen die gleiche Spannung haben. Am straffsten gespannt müssen im allgemeinen die Oberwanten (C) sein, gut gestrafft die vorderen der Unterwantenpaare (E) und mit geringstem Druck die achteren Unterwanten (D) stehen. Versuchen Sie niemals, weder die Oberwanten noch die vorderen oder achteren Unterwanten unterwegs zu trimmen! Alle Spannschrauben müssen gesichert sein, so daß sie sich nicht aufdrehen können – aber niemals darf man sie unterwegs und auf der Leeseite nachspannen und in ihrer

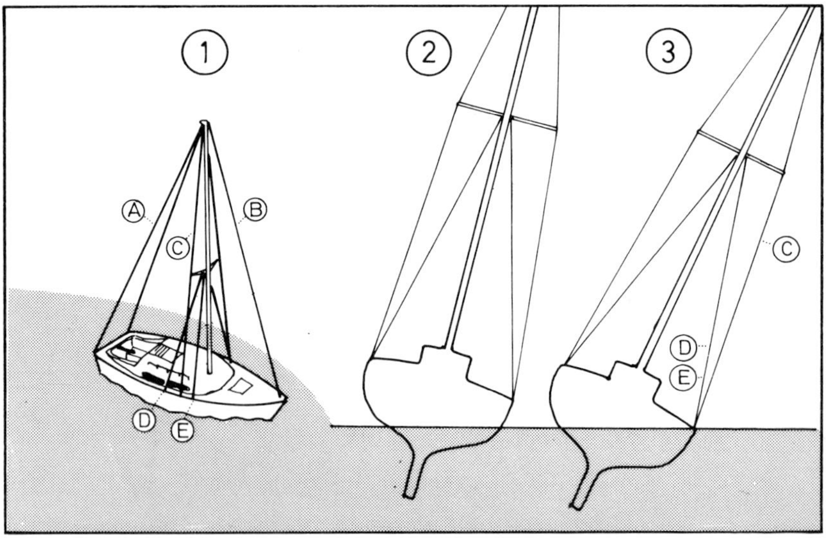

genau festgelegten Länge verändern. Bei leichtem Wind (Abb. 2) und geringer Krängung sollten qualitativ gute Wanten sich nicht recken, so daß die jeweilige Leeseite keine Lose erhält. Bei der größeren Belastung in einer Vollzeugbrise (Abb. 3), wenn der Seekreuzer bis zum Schandeck überliegt, sind schlaffere Leewanten (C–E) ganz natürlich; nur darf ihre Lose nicht so groß sein, daß der gerade Mast selbst vertrimmt ist.

Die Lage 54

Sie stehen an der Pinne Ihres Seekreuzers, der alle Plünnen gesetzt hat und auf einem Kurs raum-achterlich bis vor dem Wind mit ausgebaumter Genua eine schnelle Fahrt von 6 kn läuft. Ein Mann Ihrer Crew steht an Deck, um die Großschot an der Nock des Großbaumes zu klarieren; Ihr (kleinerer) Sohn hantiert neben Ihnen an der aufgeschossenen Großschot. Sie sind voll mit dem Kurshalten beschäftigt, als Ihr Sohn plötzlich „Mann über Bord!" schreit und wie versteinert zusieht, wie Ihr Vorschotmann ins Wasser stürzt. (Irgendwie hat er den Halt verloren, oder dem Moses ist die Großschot beim Klarieren ausgerauscht).

Was tun Sie sofort?

Die richtige Entscheidung 54

Sie werden **nicht** die am Heckkorb gehalterte Rettungsboje werfen und Ihrem Sohn keine diesbezügliche Order geben. Sie selbst haben zum Werfen ohnehin kaum Gelegenheit, ohne die Sicherheit Ihres Bootes zu gefährden, und wenn Sie es dennoch versuchen (was macht das führerlose Boot in dieser Zeit?) oder Ihr Sohn die Boje aus ihrer Halterung entnommen hat und werfen kann, sind mindestens 5 Sekunden vergangen. Bei einer Fahrt von 6 kn entfernt sich Ihr Boot in jeder Sekunde 3 Meter von dem im Wasser schwimmenden Besatzungsmitglied – das sind im günstigsten Falle 10 Meter (wenn Sie weit werfen), bei 5 Sekunden Zeitverzögerung aber wohl 15 m Abstand zwischen ihm und seiner Boje. Auch ein Weitwurf bringt nicht viel ein; denn die Boje ist erfahrungsgemäß leicht, und sie werfen gegen den (atmosphärischen) Wind!

Sie werden auch nicht **sofort** (mit oder ohne Bojenwurf) halsen! Wenn Sie in Pos. 3 andrehen, ist der Drehkreis des nahezu mit Höchstfahrt laufenden Seekreuzers so groß, daß er mit nicht geringem Querabstand e zum Schwimmer im Winde liegen würde; und ehe der Schwimmer dann zur rettenden Bordwand heranpaddeln könnte, müßten Sie zu einer oder anderen Seite abfallen, ohne ihn, längere Zeit im Winde liegend, erwarten zu können. Vergessen Sie also ruhig, was Sie viel-

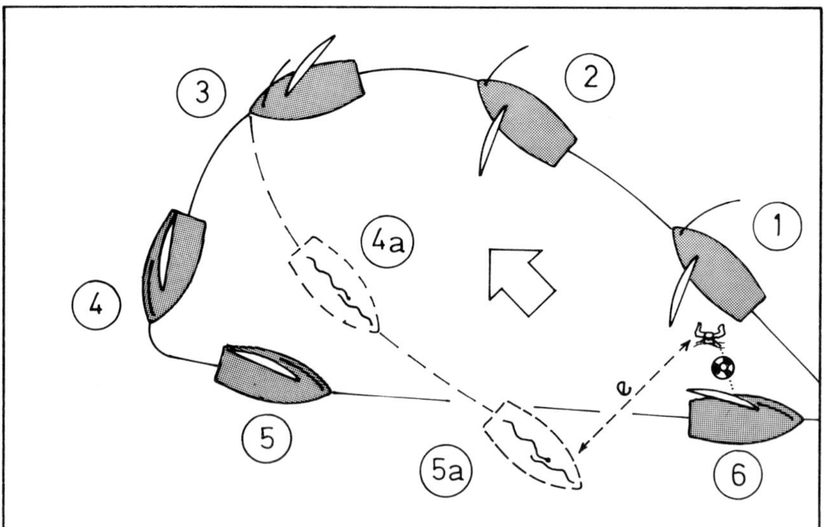

leicht in Lehrbüchern gelernt haben, und rufen Sie nur Ihrem an Bord verbliebenen Vorschotmann zu: „Lasse ihn nicht aus den Augen!“ Setzen Sie dann Ihr Manöver, falls erforderlich, in zwei Phasen an: Halsen, hoch an den Wind gehen und zum Schwimmer zurückkreuzen, in dessen Nähe dann sicher aufgeschossen werden muß. Erfahrungsgemäß verschätzt man sich bei diesem ersten Anlauf – verständlich, bei der Aufregung!
Besser ist folgendes: Halsen (2), anluven (3) und wenden (4–5); die Boje aus ihrer Halterung nehmen und so weit in Luv des Schwimmers vorbeilaufen, daß man ihm die Boje nach Lee und so sorgfältig zuwerfen kann, damit er sie (auch wenn nicht erfassen, so doch mit zwei bis drei Schwimmstößen) erreicht (6). Jeder Schwimmer hält sich auch unter ungünstigen Bedingungen einige Minuten über Wasser; erfahrungsgemäß trägt er eine Schwimmweste, und wenn dies – wider alle Vernunft und alle Sicherheitsregeln – nicht der Fall war, dann sorgt schon die in die Kleidung eingeschlossene Luft dafür, daß er sicher und hoch schwimmt. Er wird seine Schwimmhilfe also nicht sofort, d. h. nach wenigen Sekunden, benötigen; entscheidend ist, daß er sie nach wenigen Minuten benutzen kann.
Anschließend setzt die Yacht zu ihrem üblichen Manöver an, um den über Bord Gefallenen wieder aufnehmen zu können.

Die Lage 55

Ausguck halten ist schwer! Es ist eine Tätigkeit des Vorschotmannes, und sie will – wie alle Decksarbeiten vor dem Mast – gelernt sein.
Der Schipper hat Sie bei unsichtigem Wetter zum Bug geschickt, um Ausschau nach der Ansteuerungstonne zu halten. Die Verständigung ist schwierig; das Segel flattert; der Wind trägt alle Worte schnell hinweg, und die an das Vorschiff wie an eine große Pauke schlagenden Brecher übertönen manche Worte.
Plötzlich taucht anstelle der erwarteten Ansteuerungstonne ein großflächiges Hindernis (ist es ein gekentertes Boot?) in Ihrer Kurslinie auf. In Sekundenschnelle muß der Steuermann gewarnt werden, sonst rammt er es.

Was melden Sie dem Mann am Ruder?

Die richtige Entscheidung 55

Kommen Sie nicht in Versuchung, zu viele Worte zu machen und ausführlich zu informieren! Nehmen Sie selbst das Kommando und zeigen Sie dem Rudergänger, wie und warum er Ihrem Kommando gehorchen muß. Dies etwa könnte Ihr Ruf sein, zu dem Sie sich schnell umdrehen und entweder die Hände wie einen Trichter an den Mund legen oder ihn durch entsprechende Handzeichen unterstützen: „Wahrschau! Hindernis voraus! Ruder hart Steuerbord!“ Dabei können Sie sich wieder umdrehen und mit der rechten Hand die Drehrichtung des Bootes anzeigen, mit der linken in Richtung auf das (hoffentlich jetzt nach Backbord auswandernde Hindernis im Fahrwasser) weisen. Aber manchmal ist nur eine Handbewegung („Nach Steuerbord drehen!“) aussagekräftiger!

Die Lage 56

Achterliche See, viel Wind und eine erschöpfte Besatzung. Endlich ist die Küste in Sicht, die Sie ansteuerten, und gleich vier Häfen bieten sich zum Einlaufen an. Der Schipper steht an der Karte, die auch die Crew schon vorher lange betrachtet hat. Jeder ist des Rollens im Seegang überdrüssig; die Seekrankheit hat fast alle aus dem Tritt gebracht, und natürlich plädiert das Schiffsvolk für das Einlaufen in den nächstgelegenen Hafen A: Warum sich noch weiter quälen, wenn eine Bauernnacht so nahe ist.

Stimmen Sie als Schipper diesem Wunsche der Besatzung zu? Wählen Sie auch den Hafen A oder entscheiden Sie sich für einen der anderen Häfen? Wenn Sie nicht nach A einlaufen wollen, warum nicht? Welchen anderen Hafen würden Sie dann wählen? Haben Sie gewichtige Gründe, sich mit der Besatzung anzulegen, wenn Sie deren Wunsch nicht erfüllen?

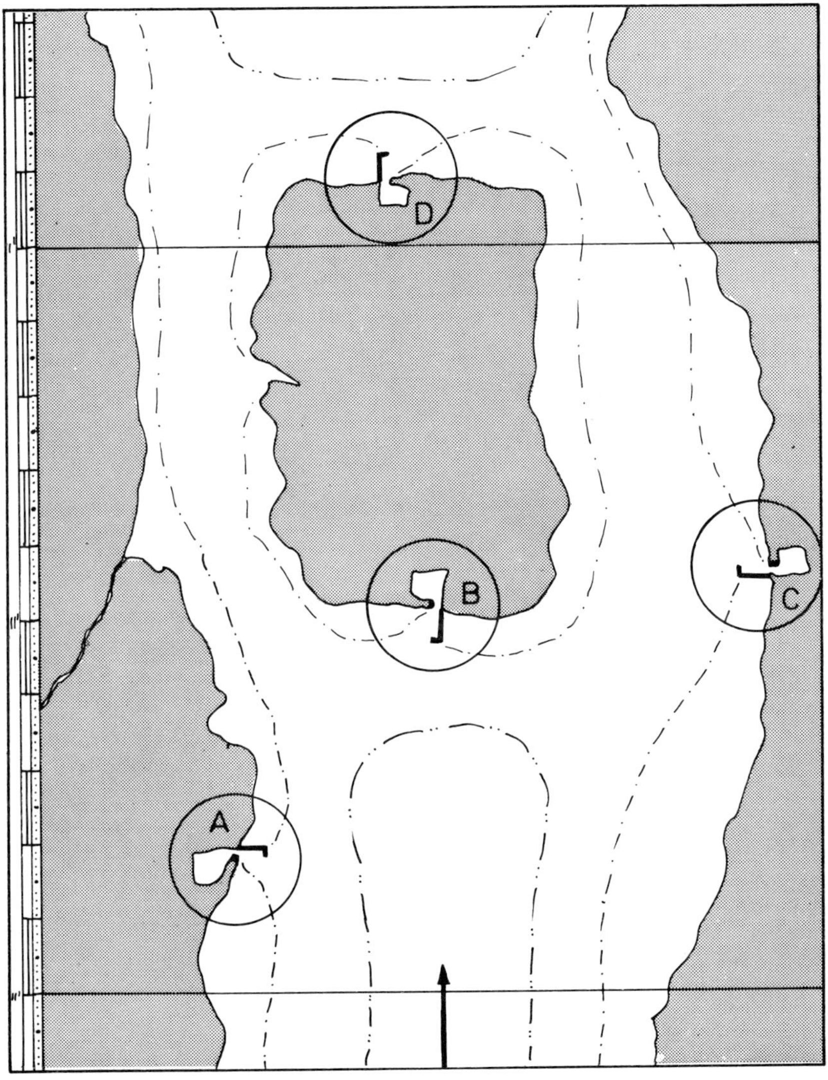

D
B
C
A

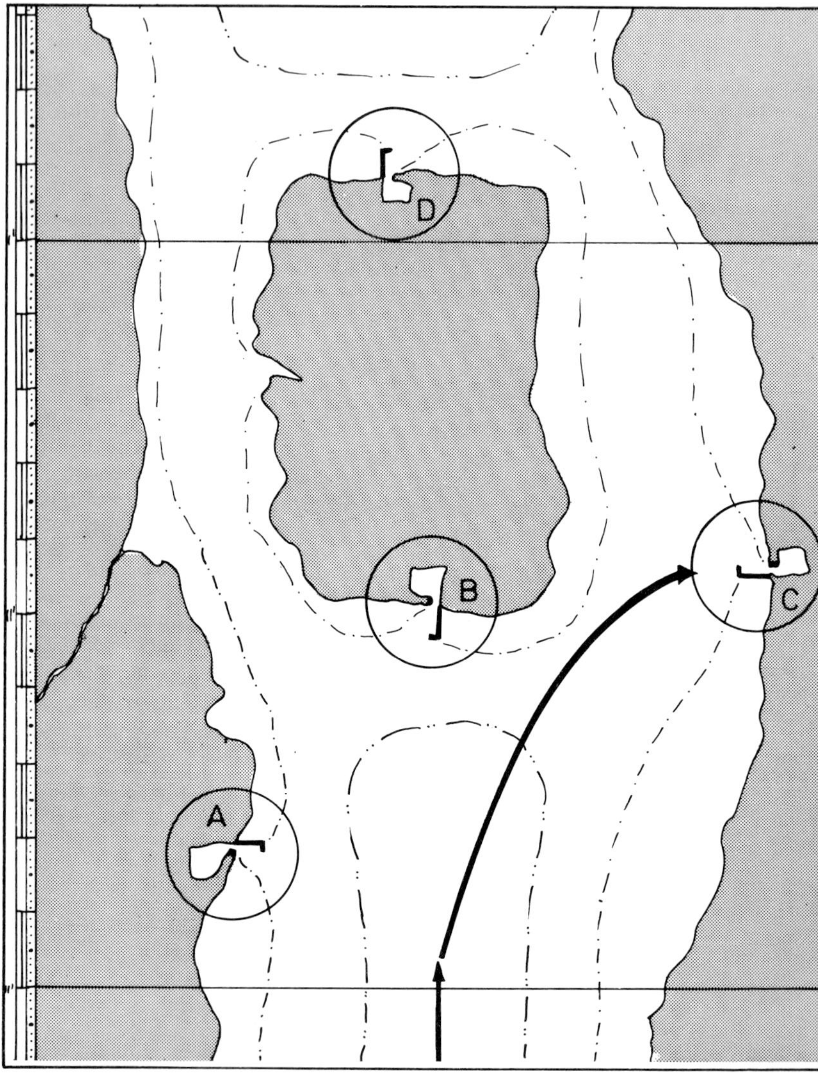
D
B
C
A

Die richtige Entscheidung 56

Sie werden den Hafen A natürlich nicht gewählt haben; denn es ist gefährlich, mit achterlichem Wind und in der heftigen nachlaufenden See längere Zeit auf einem Legerwall-Kurs an der gefährlichen Hafenmole entlang und in die einer Mausefalle ähnliche Öffnung des Hafens einzulaufen. Das Risiko zum Anlaufen von A ist zu groß; das Erreichen des geschützten Innenhafens unter diesen Wind- und Seebedingungen nahezu unmöglich.
Auch der Hafen B scheidet eigentlich aus: Zwar scheint das Hafenbecken und seine Einfahrt geschützter zu liegen – aber nur nach dem Kartenbild. Tatsächlich werden Wind und See auch hier genau in den Hafen hinein stehen, und mit achterlichem Schwell (ob unter Segeln oder mit Motor) durch eine enge Hafenöffnung hindurchzulaufen und dabei noch einen seitlich begrenzten Kurs steuern zu müssen, ist nicht minder riskant. Das Boot läßt sich auf diesem Kurs schlecht halten, und nicht nur die Kollisionsgefahr mit Mole und Hafeneinfahrt ist groß, auch das Abstoppen, Andrehen oder Aufschießen im Hafenbecken könnte unmöglich sein – denn niemand weiß, wie viele Yachten bei diesem Wetter dort bereits Schutz gesucht haben.
Der nächste, sicherste Hafen ist C: Die Mole schützt die Hafeneinfahrt, die hinter ihr (wie es der Zweck eines Schutzwalles in Luv ist) weitmöglichst geschützt in Lee liegt. Ihr Boot wird mit halbem Wind hinter den Molenschutz laufen, dort ruhigeres Wasser vorfinden und unter Segel oder Motor die Hafeneinfahrt immer sicher passieren können. Segel bergen, drehen, festmachen oder ankern – alle Manöver sind für eine eingefahrene Crew unter sicheren Bedingungen (im Hafenbecken selbst oder bereits in Lee der Mole vor der Einfahrt) möglich.
Der Hafen D, beträchtlich weiter entfernt als C, ist nicht besser geeignet. Zwar liegt er an der Leeseite der Insel, und Sie steuern in Landschutz mit weniger Wind und ruhigerem Wasser, aber Sie müssen in die Hafeneinfahrt hineinkreuzen, wenn der Motor nicht mitmacht, und das kann (abhängig von der Breite der Einfahrt und der Länge des begrenzten Fahrwassers) nicht einfach sein.
Die Crew wird den Schipper sicher verstehen, wenn er ihr so erläutert, warum er sich gegen den Hafen A und für den Hafen C entscheidet, selbst wenn das Jumpen und Karussellfahren dadurch noch eine Stunde länger dauern wird.

Die Lage

57

Sie laufen raumschots in einen Nebenfluß der Elbe (oder in ein anderes schmaleres Tidengewässer) ein und wollen ankern. Der seitliche Raum ist durch das schmale Flüßchen und die noch schmalere Fahrrinne begrenzt; die Entscheidung lautet also: Sie müssen sich mit zwei Ankern vermuren. Dem achterlichen Wind steht ein Ebbstrom (ablaufendes Wasser) entgegen.

Wie ankern Sie und in welche Richtung legen Sie den Hauptanker bei dieser Doppelverankerung aus?

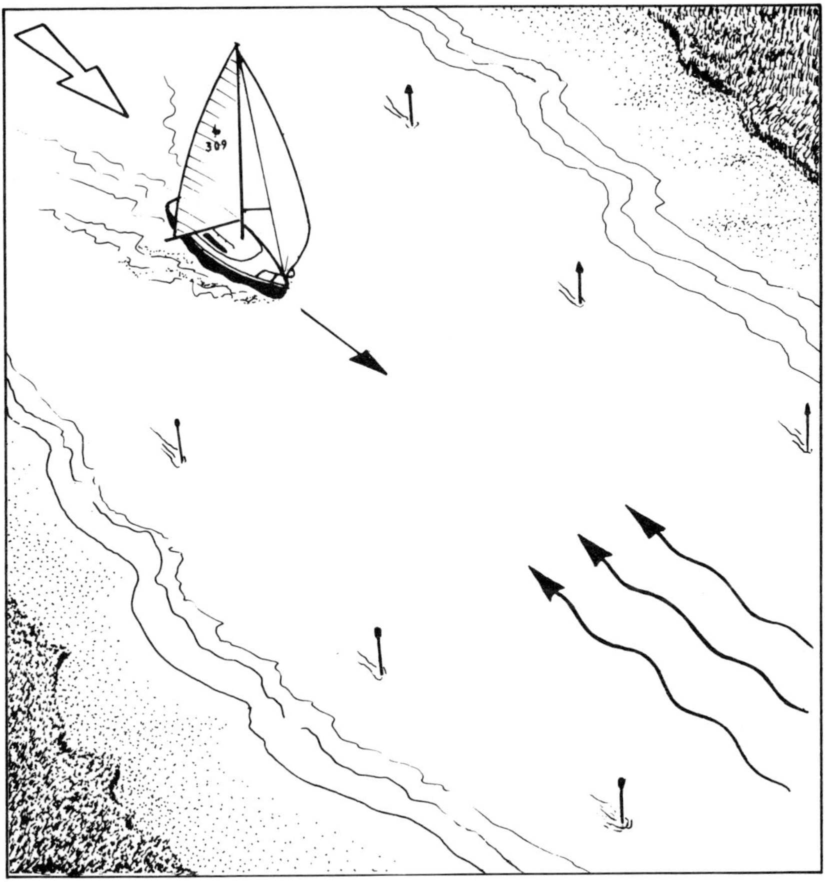

Die richtige Entscheidung **57**

Jetzt stehen noch Wind und Strom einander entgegen, und es würde wenig Unterschied bedeuten, in welche Richtung man den Haupt- oder den Warpanker legt. Wenn aber der Strom gekentert ist, summieren sich die Kräfte von Wind und Strom. Das bedeutet, daß der Hauptanker nach Luv und der kleinere Reserveanker nach Lee zu legen ist.

Natürlich kann man einfach aufschießen, den Hauptanker werfen, sich mit doppelter Länge der Ankerleine nach Lee sacken lassen und hier den Warpanker werfen, ehe man – Hand über Hand oder mit der Winde – die Trosse des Hauptankers wieder auf halbe Länge einholt. Aber das ist Knochenarbeit; besser ist folgendes Manöver: Sie laufen von Pos. A (Abb. A) nach Lee, drehen in den Wind und werfen hierbei (Pos. 1) den Warpanker in Lee. Dann kreuzen Sie (mit Hilfe des Schiebestroms) über die Pos. 2 bis 4 nach Luv zurück, stecken ca. doppelte Länge der (leichteren) Leine für den (leichteren) Warpanker und drehen nach Zurücklegen der entsprechenden Distanz in den Wind, um in Pos. 5 den Hauptanker zu werfen. Nun lassen Sie das Boot zurücksacken, bis es seine Endposition E erreicht hat, und holen hierbei gleichzeitig (ohne Anstrengung) die Lose der zweiten Ankerleine ein.

Im Ebbstrom tragen jetzt beide Anker eine anteilige Last, während bei Flut (Abb. B) der Hauptanker das Boot allein hält und der Warpanker nur dazu dient, den Drehkreis bei Änderung der Stromrichtung (oder auch der Windrichtung) zu begrenzen.

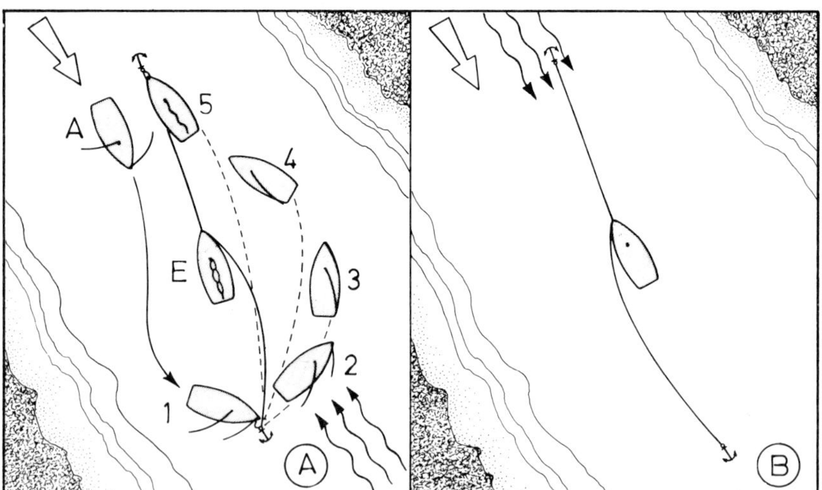

Die Lage

58

Sie sind mit Ihrem Boot auf Sommerfahrt (Segel- oder Motorboot) und steuern in unbekannten Gewässern einen Nordkurs. Die Küste mit einigen vorgelagerten Untiefen ist nahe, aber Sie sind weit genug von ihr entfernt. Es ist sonniges, leichtes Wetter, kein anderes Fahrzeug ist in Sicht, und Sie haben Ihrem Sohn das Ruder überlassen und sich selbst in der Kajüte ein Stündchen hingelegt. Dabei sind Sie eingenickt, wie es an einem heißen Sommertag auf See verständlich ist.

Ein Ruf Ihres Sohnes weckt Sie aus dem Dösen:

„Guck einmal, Vati, eine Tonne mit zwei Kegeln, ganz wie eine Eieruhr."

Noch im Halbschlaf fragen Sie zurück: „Auf welcher Seite passieren wir die Tonne?"

„Sie liegt jetzt Backbord querab", meldet Ihr Sohn.

Was tut der Schipper — weiterschlafen oder handeln?

Die richtige Entscheidung 58

Der Schipper sollte aus seiner Koje springen und wie ein geölter Blitz ins Cockpit sausen. Am besten ruft er noch von unten:

„Ruder hart Backbord! Sofort auf Westkurs gehen!“ Und vielleicht setzt er noch, wenn er mit Motor und nicht gerade sehr langsame Fahrt läuft, hinzu: „Maschine stop!“

Denn das ist die Lage, in der sich sein Boot befindet:

Bei Nordkurs sind Sie in den durch Tonnen gesicherten Bereich einer Untiefe gelaufen, in dessen Gefahrenkreis Sie sich befinden. Die westlich liegende Untiefentonne haben Sie an Backbord querab; d. h.: Sie befinden sich genau über der Gefahrenstelle.

Der beste Kurs aus diesem Dilemma ist ein Westkurs, der Sie auf kürzestem Wege von der Untiefe hinwegführt. Je weniger Fahrt Ihr Boot läuft, desto geringer ist die Gefahr, wenn Sie doch noch Grund berühren oder auf einen einzelnen großen Stein treffen sollten. Das Abstoppen der Maschine hat aber noch einen anderen Vorteil: Auch der Propeller ist nicht so sehr gefährdet, wenn sich die Welle nicht mehr dreht.

Künftig also: Entweder den Rudergänger, der die Wache übernommen hat, auf mögliche Untiefen aufmerksam machen, die im Wege liegen, und ihm angeben, auf welchen Seiten diese Tonnen bleiben müssen – oder sich wahrschauen lassen, wenn diese Tonnen voraus in Sicht kommen oder voraus in einem bestimmten (Sicherheits)-Abstand liegen.

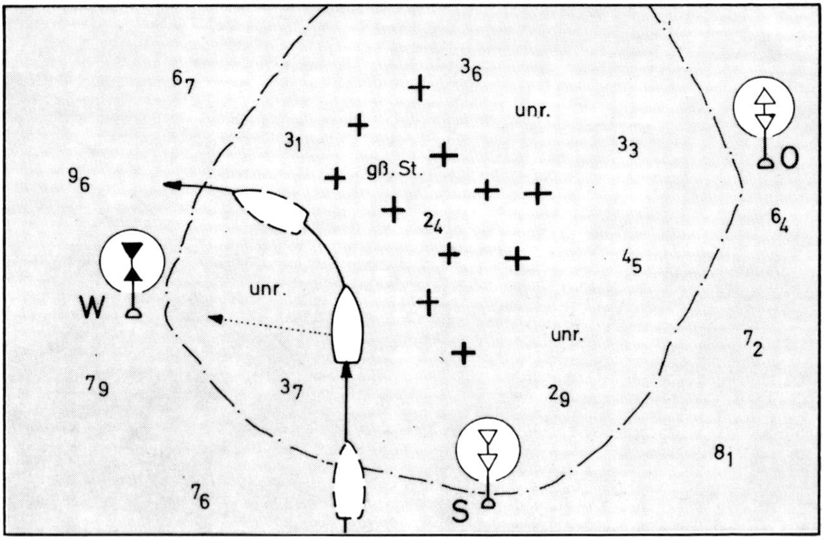

Die Lage

59

Auf Sommerfahrt in den schwedischen Schären. Sie haben eine idyllische Insel entdeckt, hinter der Sie den Rest des Tages, die folgende Nacht und vielleicht noch einige weitere Stunden überliegen wollen. Das Wetter ist schön, aber ein Tiefdruckgebiet naht sich von Westen – einer jener seltenen und kurzzeitigen, aber daher nicht minder gefährlichen Sommerorkane, für die man nicht nur den Ankerplatz, sondern auch die Art der Verankerung besonders sorgfältig wählt.

Der Schipper will das Boot vor eine Doppelverankerung legen, und Sie haben auf dem Vorschiff – wie Sie es gelernt haben und wie es in Ihren heimischen Revieren üblich ist – den Hauptanker an Backbordseite und den Reserveanker an Steuerbordseite klar gelegt. Bevor der Seekreuzer jedoch zum Ankerplatz andreht, ruft Sie der Schipper in die Plicht und sagt:

„Wir wollen uns zuerst nur vor den Hauptanker legen, und es ist dazu egal, ob du ihn an Backbord- oder an Steuerbordseite ausbringst. Ich will den Wind beobachten und zuerst einmal prüfen, ob das Tief im Norden oder im Süden von unserem Ankerplatz vorbeiziehen wird. Du kannst dann nach dem Abendbrot, also in knapp zwei Stunden, den Hauptanker auf die richtige Seite legen und den Warpanker auf der anderen Seite ausbringen."

Ihr Boot ankert. Sie gehen in die Kombüse, nachdem das Boot aufgeklart ist, und sind gespannt, wie der Schipper wohl (ohne den Wetterbericht noch einmal zu hören) die Zugrichtung des noch so weit entfernten Tiefs feststellen will. Verstohlen peilen Sie gelegentlich aus dem Kajütluk. Aber der Schipper steht nur an Deck, hält – wie Sie meinen – die Ohren in den Wind, ißt dann mit der Crew gemächlich Abendbrot und geht dann noch einmal an Deck, um in den Wind zu gukken und nach dem Rechten zu sehen. Dann sagt er:

„Der Hauptanker muß über Steuerbordseite und der Warpanker mit seiner Trosse über die Backbordseite laufen; denn das Tief wird südlich an uns vorbeiziehen!"

Sie befolgen seine Anweisung, ohne zu fragen – denn Sie glauben ihm diese Windvorhersage nicht. Aber der Schipper hat Recht – tatsächlich erleben Sie eine rückdrehende Tendenz des Windes, die diese Anordnung der Anker (gegen die Regel) rechtfertigt.

Hat der Schipper sieben Sinne? Wie kann er durch einen scheinbar simplen Blick in das Wetter in einem Abstand von knapp zwei Stunden die Zugrichtung eines hundert Kilometer entfernten Sturmtiefes erkennen und voraussagen?

Die richtige Entscheidung 59

Der Schipper hat sich sehr geschickt einer alten Windregel bedient, die vom Holländer Boys-Ballot stammt, auch in manchen wetterkundlichen Lehrbüchern enthalten, aber meist sehr kompliziert erklärt ist: Er hat sich unmittelbar nach dem Ankern in Sichtweite des Kompasses auf Deck gestellt und „in den Wind“, besser: **gegen** den Wind geguckt. Mit Hilfe der feinen Nerven im Gesicht und an den Ohren ist es tatsächlich möglich, die Richtung

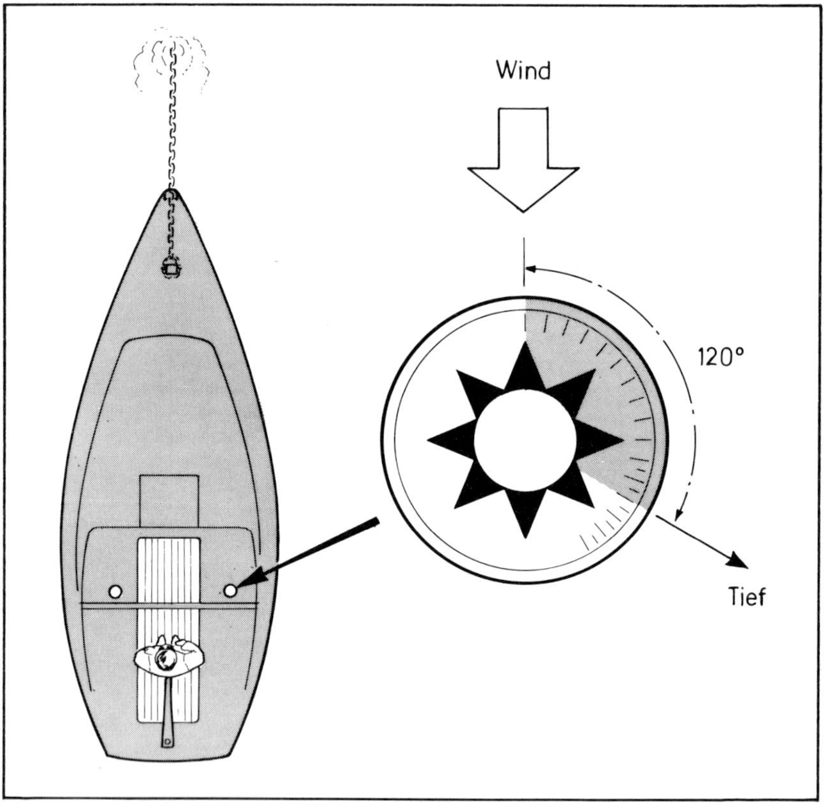

des (Gegen-)Windes anzupeilen; wenn man den Kopf dabei selbst mehrmals seitlich (wie bei der Arbeit mit einem Funkpeiler) dreht, sogar sehr genau.
Ein Blick auf den Kompaß zeigt dann die entsprechende Wind-Kompaß-Peilung des atmosphärischen Windes (der sich bekanntlich nur am Ankerplatz ermitteln läßt; auf einem segelnden Boot läßt sich seine Richtung – außer vielleicht vor dem Wind und Platt vor dem Laken – nicht feststellen). Der Kern eines Tiefes liegt, wenn man gegen den Wind blickt, (auf nördlicher Breite) in ca. 120° unserer Körper-Seitenpeilung oder schräg rechts in unserem Rücken. Mit Hilfe des Kompasses läßt sich auch dieser unsichtbare und fern liegende Kern des Tiefs anpeilen.
Innerhalb von zwei Stunden ändert sich nicht nur die Windrichtung, sondern auch der Standort dieses Tiefdruck-Kernes. Wenn der Schipper also den Wind zuerst aus Südost und dann aus Ostsüdost registriert, kann er daraus folgern, daß das Tiefdruckgebiet mit seinen links um den Kern herum und in ihn hineindrehenden Winden im Süden vorbeilaufen wird; das ist die gleiche Zugrichtung, wie wir sie auch in unseren heimischen Revieren kennen. Aber da das Boot nicht an der deutschen Ost- oder Nordseeküste ankert, sondern weiter nördlich in schwedischen Schärengebieten liegt, haben wir die gleiche Tiefdruckstraße hier im Süden, die in unseren heimischen Revieren nördlich von uns liegt.
Nach dem sogenannten Barischen Windgesetz kann man aus dem beobachteten Wind die Lage des Tiefs erkennen, wie es unsere Abbildung zeigt – besser mit dem Gesicht gegen den Wind als mit dem Rücken zum Wind, weil das Peilen dann leichter und genauer ist.

Die Lage

Sie wollen mit Ihrem Seekreuzer die Flußmündung in einem Tidengewässer (z. B. Elbe, Weser oder Ems) verlassen, aber der noch in Ufernähe begeisternde und frische Wind erwies sich frei von Land und auf See als zu kräftig und zu hart. Sie sind auch mit Ihrem Sohn nur allein an Bord, und da der Wetterbericht ein Abflauen des Windes voraussagte, sind Sie in die Flußmündung zurückgesegelt und haben im Landschutz der Luvküste geankert. Im starken Tidenstrom des zulaufenden Wassers hat sich Ihr Boot weitgehend in die Stromrichtung gelegt. Sie haben zwei markante Landmarken in Sicht, einen Leuchtturm und den Mast einer Sendestation, die genau in Deckpeilung liegen und Ihnen als eine gute Ankerpeilung erscheinen.

Da das harte Wetter Sie erschöpft hat, in dem Sie Ihren Kreuzer weitgehend allein segeln mußten, wollen Sie sich einige Stunden in der Kajüte ausruhen, bis der Wind abgeflaut hat. Sie lassen Ihren Sohn als Ankerwache an Deck und schärfen ihm ein, Sie sofort zu wecken, wenn beide Landmarken aus ihrer Deckpeilung kommen. Dann gehen Sie in die Koje. Können Sie ruhig schlafen?

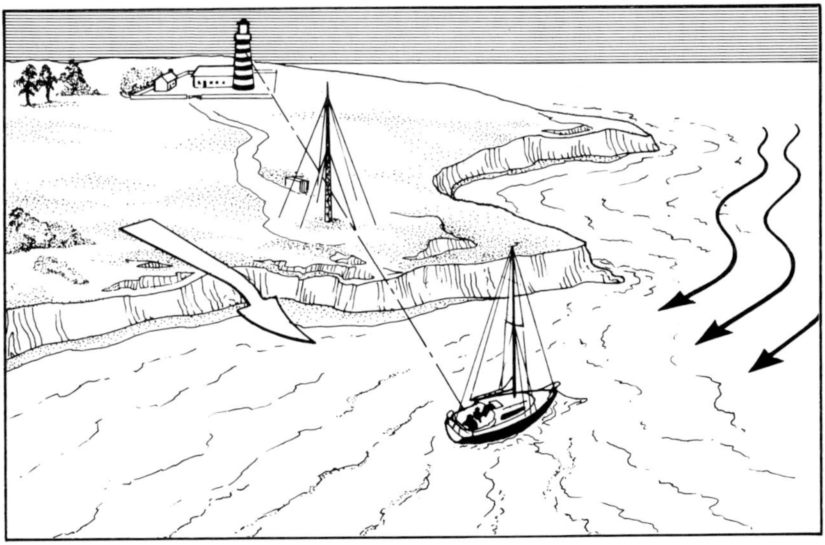

Die richtige Entscheidung 60

Nein! Zwar haben Sie die Forderung erfüllt, die Position Ihres Ankerplatzes durch eine Ankerpeilung zu markieren, um ein Schlieren des Ankers zu erkennen, und Sie haben sich dafür auch zwei prägnante Landmarken ausgewählt. Bei der Standortbestimmung am Ankerplatz sollten sich die beiden Peilstrahlen jedoch (genau wie bei jeder anderen Schiffsortbestimmung der terrestrischen Navigation) in einem möglichst rechten Winkel kreuzen. Das ist hier nicht der Fall; diese Deckpeilung ist gefährlich:

Wenn der Anker schliert, wird Ihr Boot stromab und nach Lee gedrückt, und da die Überwasserkraft des Windes an der Takelage und die Unterwasserkraft des Stroms am Bootsrumpf annähernd gleich groß sind, besteht die Gefahr, daß Ihr Boot genau in Richtung der Deckpeilung versetzt wird. Es

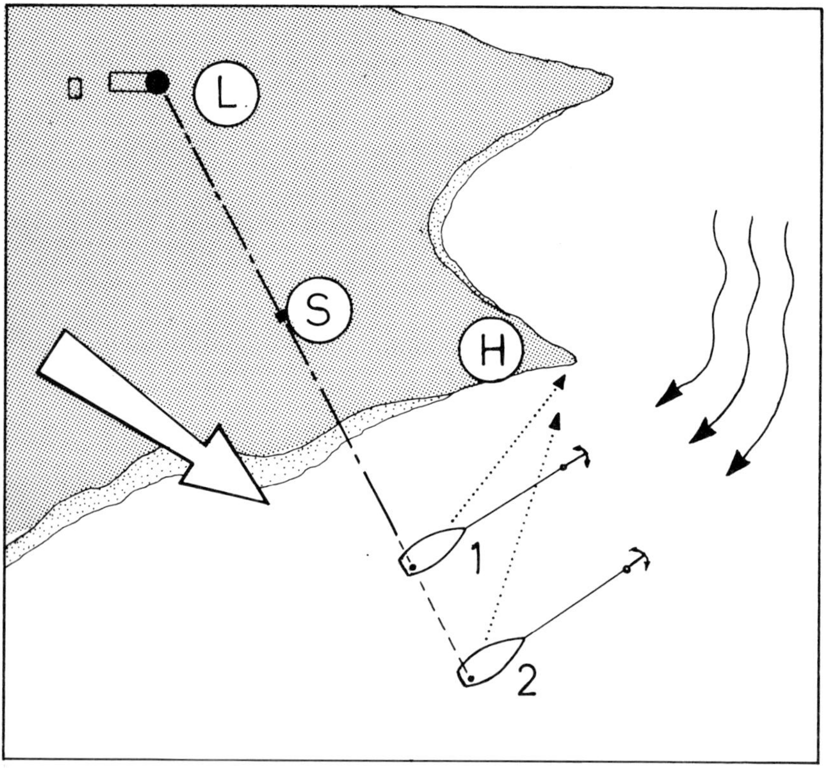

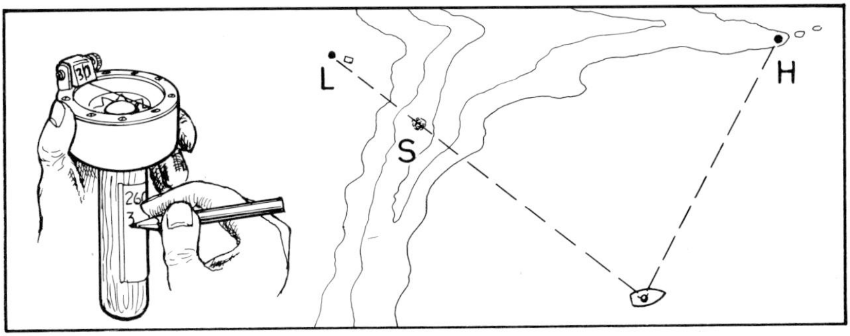

treibt damit vom sicheren Ufer in den gefährlichen Schiffahrtsweg hinein, rutscht vom flachen Ankergrund mit der ohnehin schon nicht ausreichenden Haltekraft Ihres Ankergeschirrs in tieferes Wasser, wo das Verhältnis Wassertiefe zu Kettenlänge noch ungünstiger wird, und plötzlich wird Ihr Boot ohne jegliche bremsende Verbindung zum Grund mitten im Strom treiben.

Man darf bezweifeln, ob Ihr Sohn diese Veränderung frühzeitig bemerken wird; er achtet nämlich zuerst auf die Peilung, die Sie ihm gegeben haben, aber der zunehmende Abstand vom Ufer wird ihm kaum auffallen. Besser wäre es gewesen, Sie hätten ihm neben der Deckpeilung noch die Peilung der Huk H gegeben oder ihm anstelle der Deckpeilung nur eine Kompaßpeilung entweder des Leuchtturmes L oder des Sendeturmes S aufgeschrieben, so daß er ausschließlich die Kompaßpeilung zu kontrollieren gehabt hätte und sich nicht einseitig auf die Deckpeilung konzentrieren mußte. Ihm wäre dann sehr schnell aufgefallen, wie sich die Peilung zur Huk H in Pos. 2 verändert hatte, und Sie wären rechtzeitig gewahrschaut worden.

Die Lage

61

Sie stehen auf der Pier und haben gerade die Leine Ihres eingelaufenen Bootes festgemacht. Eine kurze Wurfleine halten Sie noch in der Hand, mit der Sie an Bord zurückgehen wollen. Da kommt ein anderes Boot, das achteraus von Ihrem Boot festmachen will. Die Besatzung hat die Segel schon geborgen, der Motor ist nicht angestellt. Das Boot läuft keine Fahrt mehr, und man wirft Ihnen eine Leine zu, die Ihren Platz am Rande der Pier gerade noch erreicht. Nur den Tampen bekommen Sie noch zu fassen– dann kommt die Leine steif, und das Boot beginnt abzutreiben.

„Gut festhalten!“, ruft man Ihnen vom fremden Boot aus zu. „Legen Sie schnell einen Törn um den Poller, sonst treiben wir wieder ab!“
Da ist guter Rat teuer: Der Tampen ist zu kurz; der Weg zum Poller ist zu weit; Ihre Kraft reicht nicht aus, um das andere Boot heranzuziehen, und die wenigen Handgriffe Leine sind schnell ausgelaufen.

Was ist zu tun? Müssen Sie die Leine schießen lassen oder können Sie doch noch helfen?

Die richtige Entscheidung 61

Ja, Sie können helfen – mit Ihrer Wurfleine, die Sie in der Hand halten. Aber die Zeit ist zu kurz, um irgendeinen Knoten in die Leine zu legen – z. B. einen Schotstek, einfach mit einem Auge in der dicken Trosse und zwei schnellen Törns mit Ihrer dünnen Leine.

Aber die Möglichkeit bleibt, die Leine dennoch abzustoppen: Sie legen schnell einen Rundtörn um die Trosse, der die Part bekneift, und dann mehrere weitere Törns mit Ihrer dünnen Leine um die dicke Trosse, die sich selbst fest um die belastete Leine legen.

Jetzt können Sie die Festmachetrosse auch über die Pier hinaus ausrauschen lassen; Sie halten die Leinenverbindung zum Boot durch Ihre Wurfleine fest in der Hand. Mag man jetzt an Bord mehr Leine stecken oder noch einmal ein Segel setzen – die wichtige Verbindung zum Ufer ist hergestellt und erhalten geblieben – das kann in bestimmten Situationen sehr bedeutungsvoll sein.

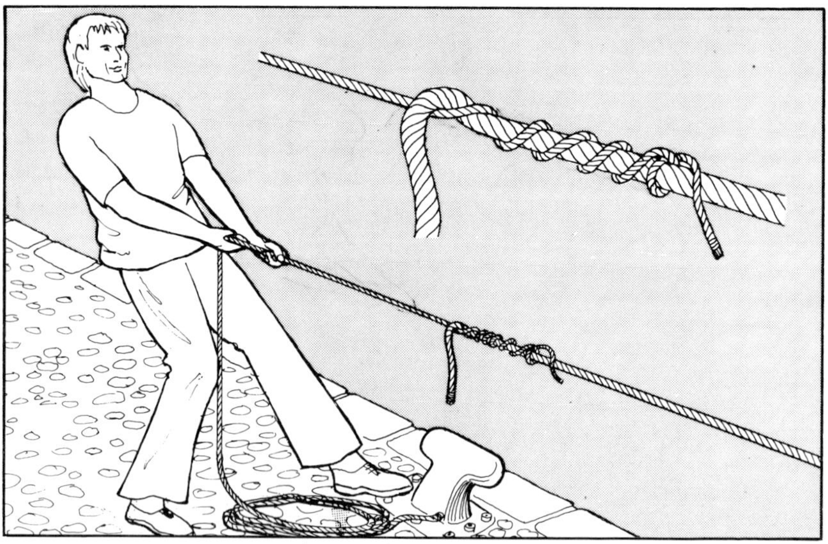

Die Lage

62

Unterwegs in Tidengewässern und in Küstennähe. Heute hat der Schipper Küchendienst. Er steht in der Pantry und brutzelt, aber die Bewegungen des Bootes, das mit halbem Wind mal in den Wellentälern (etwas bekalmt) und dann auf den Wellenbergen (in der frischen Vollzeugbrise) segelt, sind für den Smut nicht angenehm. Aber in der bisherigen langen See waren die weichen Bewegungen noch zu ertragen (A). Jetzt wird der Seegang (scheinbar ohne Übergang und plötzlich) merklich kürzer und steiler (B), und ärgerlich ruft der Smut aus der Kombüse:

„Hallo, Steuermann, mach dein Schiff nicht so krumm; mir fallen ja alle Töpfe und Pfannen vom Kocher!"

Der Rudergänger ist ratlos, und so ruft er zurück:

„Ich kann nichts dafür! Die See ist plötzlich viel steiler geworden!"

Muß der Schipper und Smut erst einmal aus dem Luk blicken, um zu sehen, was anliegt? Oder kann er schon von unten aus Rückschlüsse auf mögliche Ursachen dieser plötzlichen Seegangsänderung ziehen? Ist es ratsam, gemächlich weiterzubrutzeln — oder rufen den Schipper jetzt andere Pflichten? Was würden Sie jetzt tun?

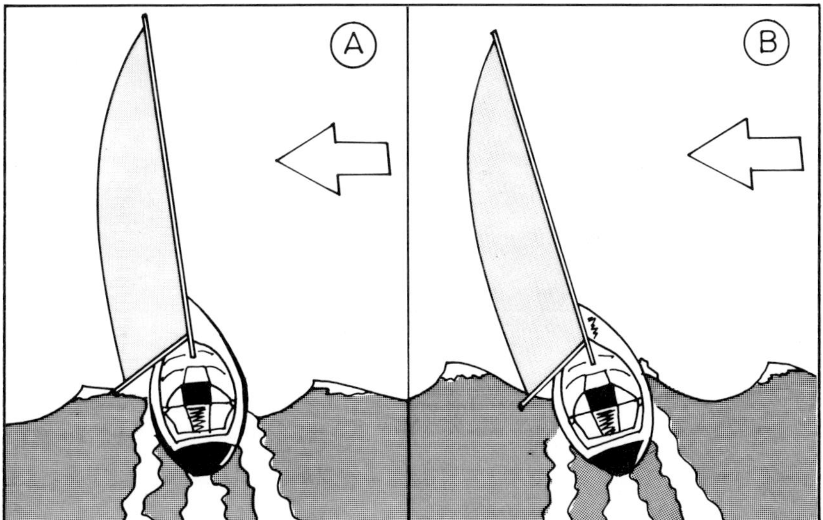

Die richtige Entscheidung 62

Wenn die See plötzlich gefährlich steiler wird und ihre bisherige Formation (A) in einen Querschnitt wie B oder gar wie C verändert, dann können plötzliche Tiefenänderungen oder Stromeinflüsse daran Schuld sein. Beide sollten den Schipper nicht ruhig an seinem Kocher stehen lassen.
Wenn normaler Seegang oder Dünung in eine steile Grundsee übergehen, hat sich die Wassertiefe an einer unterseeischen Stufe deutlich vermindert; das muß nicht immer eine gefährliche Tiefenänderung von z. B. 10 m Wasser auf 3 m Wassertiefe sein, wenn wir in den Brandungsbereich vor einer Küste geraten. Auch schon bei einem Übergang von großer Tiefe z. B. 200 m auf eine kleinere von 50 m kann sich eine steilere See ausprägen; das hängt von der Länge der Windbahn, der Dauer der Windeinwirkung und der relativen bzw. prozentualen Veränderung des Seegangs auf dieser kurzen Distanz ab. Solche Tiefenänderungen können auch in freiem Seeraum vorkommen, und der Schipper sollte in jedem Falle einen Blick auf

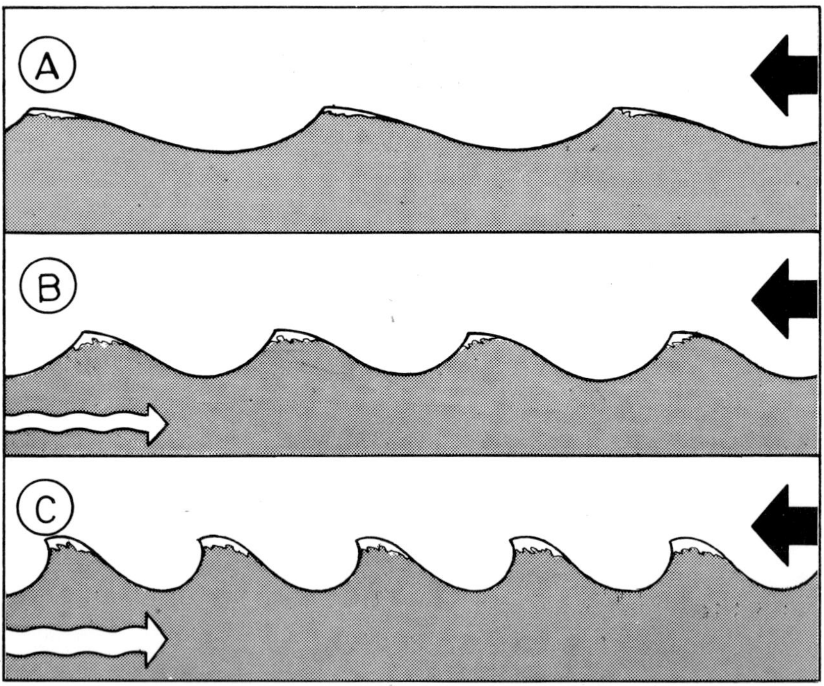